JN123269

Woodcity

都市の木造木質化でつくる持続可能な社会

©Yasunori Kawasaki

Woodcity 研究会

市岡利之・岩永青史・小川敬多・河崎泰了・佐々木康寿・末定拓時
髙井香織・福島和彦・渕上佑樹・柳田智弘・山﨑真理子・山出美弥

 海青社

森と街の連携（都市木ワークショップ 2011）

森と街の連携（都市木シンポジウム 2010）

正角材利用の歩道拡幅社会実験（名古屋，2014 年）

ストリート・ウッドデッキ（名古屋，2012 年）

Woodcity ペーパークラフト（都市木講座 2017）

Woodcity の街並み（CG）

スプルースの天然更新
（ノルウェー，2022 年）

スプルース林の施業風景
（フィンランド，2004 年）

中津川林木遺伝資源保存林
（都市木講座 2016）

森林の健康診断
（都市木講座 2017）

スギの植林
（静岡，2020 年）

スギの風倒木被害
（愛知，2009 年）

線路脇の丸太集積場（ノルウェー，2022年）

丸太の鉄路搬送（ドレスデン，2022年）©*European Railfan*
Source: https://www.youtube.com/watch?v=UEXcXpa5rTw

丸太の集積・径級選別場（日田，2011年）

大径材の製材（静岡，2019年）

超高温高速自動木材乾燥機（豊田，2018年）

製材倉庫（静岡，2019年）

ヤング係数の応力波測定実演（LIGNA Hannover 2011）

人工乾燥製材の曲げ破壊試験（宮城，2010 年）

応力波グレーディングマシンのデモ（都市木講座 2016）

プレカットマシンの加工実演（都市木講座 2016）

施工現場に搬入された CLT 板（兵庫，2017 年）

木質構造要素の開発展示（LIGNA Hannover 2011）

カンピ礼拝堂（ヘルシンキ，都市木講座 2017）

S-Bahn ハッケシャー・マルクト駅
（ベルリン，2014 年）

世界初の高層 CLT 住宅
（ロンドン，2011 年）

メトロポール・パラソル(セビリア，2011 年)

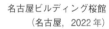

名古屋ビルディング桜館
（名古屋，2022 年）

大分武道スポーツセンター
（大分，2019 年）

は　し　が　き

　気候変動によると考えられる災害の多発によりエネルギー利用や温暖化問題に関する意識が高まり，持続可能な社会の構築を図ることが重要な課題となっている。これに関連して我が国では「都市の低炭素化の促進に関する法律（エコまち法，平成24年12月施行）」が公布されるなど，低炭素化のためには材料の製造加工時の二酸化炭素排出が少なく，炭素貯蔵機能を持つ木材を利用する都市・建築が好ましいと考えられるようになってきた。都市は，人口，エネルギー使用，経済活動が集中する炭素循環のホットスポットになっていて，電力消費，交通機関，建築物，住居から化石由来の二酸化炭素が大量に排出されている。これらに関与しているエネルギーや材料をコントロールすることで化石燃料の使用を削減できる可能性がある。都市にとって，そこに住みたいと思う人々の存在は大事なことで，我が国の豊富な地上資源を活かすことで持続可能な社会を目指そうとするなら，国産材を利用することの環境効果を評価し，都市計画やまちづくりに最大限活かすことが重要である。

　このようなことから，我が国の都市と森林のつながりについて関心を持つWoodcity研究会では普段から議論を進めてきた。研究会が携わっている領域は都市計画・環境，木造建築，木質環境，建築・環境デザイン，森林資源，木材・バイオマスの利用などの多様な分野にまたがっているが，関係者の共通する思いとしては我が国の都市と森林が木材利用を通じてより良い状況に向かうこと，そして国産材の活用推進を需給者双方の互恵的利益につなげることであり，このようなことをそれぞれの立場から常に意識してきた。こうした議論を通じて国産材の活用先としてWoodcity を構想し，その根拠として環境に及ぼす効果を考えること，また，これを支える森林資源や材料需給などの関連する様々なテーマについて考察を試み，整理しようということになった。本書で描いているWoodcity とは本文で明らかになるように国産材を利用する面的広がりを持つ都市の木質環境として捉えることができるが，言い換えれば環境対策のことであり我が国の健全な森林とその生産物の活用を前提としたものである。これによるエネルギー消費は明らかに減り，将来的にはコストも削減できるはずである。より良い社会の実現を目指して持続可能性を向上させようとする都市の木質化の姿勢はブランドイメージを向上させる合理性もある。さらに，環境対策は持続性にとって根源的なニーズであるので，Woodcityの夢は多くの人と共有できるであろう。持続可能な社会の実現に向けて多様な道筋が見て取れるなかで，我が国の唯一豊富な地上資源を人財と技術力をもって活かすなら温暖化抑制に貢献できる可能性があると考えられる。

　このようなことから，本書では，1) 低炭素化やSDGsに興味のある社会人，学生などの方々を対象に木造建築や木材利用が脱炭素の可能性や課題を再認識するのに役立てていただくこと，2) 仕事や勉学で木造建築や木材利用に関わりをもつ中，都市部で木造建築が増えつつある昨今の状況を理解していただくこと，3) 森林・林業・木材や脱炭素を切り口に，新たな産業創出やまちづくりを考えようとしている企業・行政関係者に対して戦略や政策を立案・推進するための土台となる知識やアイディアを獲得するのに役立てていただくことなどを意識して執筆したものであ

る。また，取りつきやすく理解しやすいように，本書の構成を次のようにした。まずは口絵であ
るが，本書のテーマである Woodcity の世界観をイメージしやすくするために執筆者が持ち寄っ
た写真を配列した。これにより，本書の内容を想像していただけるのではないかと思う。次に第
1 章では Woodcity の概念を示すために，単体ではない複数の木造建築物から成る面的広がりを
持った木造木質化都市を提案し，その全体像を考えた。その過程においては，我が国の森林資源
の状況を意識しつつ，都市と森林のつながりにおいて，可能な限り好ましい状況を創り出すこと
に意識を置いた。第 2 章では，都市部での木造建築が近年増加しつつある背景や Woodcity の意
義などに関する考察を試み，Woodcity が環境にもたらす効果および国内の森林と都市の関連に
及ぼす影響について解説している。つづく第 3 章では Woodcity の実現を支える森林資源や木材・
木質材料の安定的生産と供給を支えるサプライチェーンの構築やまちづくりに及ぼす波及効果な
ども同様に重要であると考え，これを実現するための資源データの共有とこれをコントロールす
る人材の育成の重要性について考察した。また，第 4 章では，低成長・脱成長の状況下にあって
も，豊富な森林資源と人材・技術を活かすことで都市の木造木質化を推進し，地域の利益につな
げることが持続可能な社会の実現に貢献することを示した。最終章となる第 5 章は，本書の執筆
者が一堂に会して行なった座談会の記録で Woodcity が目指す社会像についての考えや思いを交
換したものである。近い将来，本書で描く Woodcity が夢ではなく，持続可能な社会の実現につ
ながることを期待した上でのことである。

　対象の広さと深さ故に当初設定したテーマ・内容の全てを整理するには及ばず，全体を通じて
偏った考察になったかもしれない。読者諸賢のご叱正を仰ぐとともに，本書の一部でも益になる
ようなことがあれば幸甚である。積み残したテーマについては継続的に考察を重ね，機会があれ
ば続編として整理したいと考えている。

　本書の作成にあたっては多くの方々から有益なご教示をいただいた。とくに小見山陽介氏(京
都大学)と山田容三氏(愛媛大学)には原稿の査読を通じて専門的および第三者的立場から貴重な
ご助言と忌憚のないご意見を賜った。また，海青社には出版に際してのご協力と同時に構成や語
の表記などに関する有益なご助言をいただいた。厚く感謝を申し上げる。最後に，故延藤安弘
氏(NPO法人 まちの縁側育くみ隊)には都市の木質化や Woodcity に早くから理解と関心を示され，
都市木ファースト政策などの取り組むべき多くの指針と励ましをいただいた。本書を一応の報告
とすることで感謝の意を捧げたい。

　2023 年 11 月

Woodcity 研究会

Woodcity

都市の木造木質化でつくる
持続可能な社会

目　次

第5章　Woodcity が目指す社会像（座談会） 125

木のイノベーションで森とまちのみらいをつくる / ヨーロッパに学ぶまちづくり / Woodcity のモデルづくり / 低層化・容積率 / 材料供給力 / 面的展開の意義 / Woodcity で気付いたこと，豊かな人工林のある地域・国の価値 / 地域ゼネコン / Woodcity を支える木材業界 / Woodcity，まちの価値 / 材料情報の共有とコントロール / 在庫管理・ストックヤードの必要性 / 人工林・林業・中山間地域 / 木材産業 / 無垢材・集成材 / 産官学民の役割と協働 / 森林資源産業と大学の専門教育

第1章　Woodcity 構想

1.1　Woodcity のモデルケースと面的エリア設定

　Woodcity 研究会では，木造木質化都市をつくるにはどのような場所が適切なのかというようなことから議論を始めた。通常，新しい都市を考える上では，まず，その市町村や大規模の土地所有者または大手デベロッパーのもとで，そのエリアをどのように開発するのかという議論から始まる。そして，さまざまな面的開発の事例などを研究し，その開発スキームや開発事業者，また，そのメインとなるテナントや建物の所有者など，具体的にどのような事業であるのかを把握するのが業務のスタートになる。一方，今回の Woodcity の議論では，その市町村や大事業者，大地主がいない，開発事業者や設計や建設，その主となるテナントやフロアの所有者など，具体的な内容も全てが仮想の状態から始めている。現在の木材産業をより活発にし，世界有数の森林国である我が国の山で眠っている資源がある中で，その森林資源を最大限活用し，林業，木材流通などの改革ができないものかという発想から始まっている。本書で考えようとしていることは，仮想的エリアとしての約 21 ha の敷地に都市の木質化による Woodcity をつくると何が起こるか，林業や林産業の川上，川中，そして建築業の川下までどのような変革が必要なのかということである。

　なぜ 21 ha なのかといえば深い意味はない。たまたまスタディした特定エリアの全く開発されていないところに土地区画整理された開発計画があり，そこが Woodcity となればどうなるか，これをスタディすることから始まっている。このようなスタディはさかのぼれば 8 年ほど前の都市の木質化プロジェクト(**図 1-1**)の一連の勉強会(都市木講座)になる。名古屋の都心部の 16 街区が約 16 ha で，南の街区を入れれば 20 街区の約 20 ha となる中，都市木講座で一つの街区を丸ごと木造にするとどうなるかを，木材使用量や CO_2 排出量の計算をする勉強会であった(**図 1-2**)。大学だけでなく，企業に勤める有志も募り，計算式に数字を入れ，厚紙を組み立てて簡単な建築模型を作り，各々の参加チーム同士が発表するという形式だった。大雑把ではあったが，木質化の対象とした街区も独自のまちづくり構想(**図 1-3**)を持つ名古屋錦二丁目まちづくり構想[1]があった。都市の木質化プロジェクト[2]が主催したこのイベント(都市木講座)は，大学から地域の企業まで，また東北から九州に至るまで広く学識者・実務者・学生が参加する「都市木展覧会」(**図 1-4**)という形で開催された。その中で，都心部の大型ビルの CO_2 年間排出量を調べることがあった。名古屋市では大型ビルの CO_2 年間排出量届出を HP に掲載すること[3]が義務づけられており，その排出量とビルの床面積などの規模感を調べると，いろいろなことがわかってきた(**表 1-1**)。古く

1) 錦二丁目まちづくり協議会：マスタープラン. http://www.kin2machi.com/about.html(2023 年 5 月閲覧)
2) 都市の木質化プロジェクト. https://www.agr.nagoya-u.ac.jp/~biomeng/toshimoku/(2023 年 5 月閲覧)
3) 名古屋市：CO_2 排出量，事務所，庁舎など. https://www.city.nagoya.jp/kankyo/page/0000149490.html (2023 年 5 月閲覧)

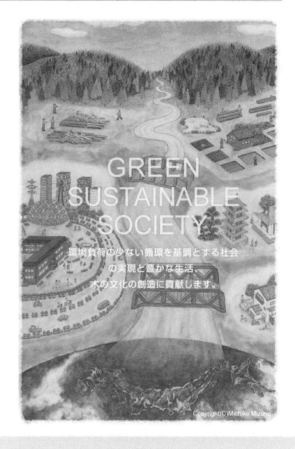

森林・林業の再生に向けた
都市の木質化プロジェクト

THE INCREASED WOOD UTILIZATION IN URBAN DESIGN PROJECT.
NAGOYA UNIVERISTY GCOE PROGRAM "FROM EARTH SYSTEM SCIENCE
TO BASIC AND CLINICAL ENVIRONMENTAL STUDIES"

名古屋大学では，森林・木材・エネルギー・建築・都市計画などの異なる分野の研究者が学外の実務者・地域のコミュニティーと連携し，「都市の木質化プロジェクト（都市木PRJ）」を立ち上げ，森林と都市が抱える問題の本質的解決に貢献するための分野横断的な協働作業に取り組んでいます。都市における木材利用の社会実験を通して実践的に問題解決の方策を明らかにし，臨床環境学のあり方を具体的に示そうとする活動を展開しています。

▌ 研究テーマ

◨ Ⅰ．木材の材質を考慮した需給計画

◨ Ⅱ．木材利用の事例研究

◨ Ⅲ．山間部と都市部の連携

 検索

<事務局>
名古屋大学大学院 生命農学研究科 生物圏資源学専攻 生物材料工学研究室内
〒464-8601 名古屋市千種区不老町

GREEN SUSTAINABLE SOCIETY

環境負荷の少ない循環を基調とする社会
の実現と豊かな生活，
木の文化の創造に貢献します。

Copyright(C)Michiko Mizuno

図1-1　都市の木質化プロジェクト（作成：都市の木質化プロジェクト）

ても壁が多くて断熱性があるビル，長年省エネの改修を継続しているビル，また我慢してエネルギー消費を抑えているビルでは，新しい窓ガラス・カーテンウォールの高層ビルと比較して，単位面積あたりの年間CO_2排出量が少なくなる傾向がみられた。窓ガラス面からの熱損失は多く，基準年からのCO_2排出削減の目標はクリアしていても，ビル自身の大きさのため，高性能ガラスを用いていてもCO_2排出量は相当量になる。ビルが中高層ということでもあるので，エネルギー使用量としてエレベーターや給排水に使うエネルギー消費量も影響している。大規模ビルでも低中層の場合にはエレベーター使用を抑えることができるため，エネルギー消費量の抑制につなげることができる。太陽光発電については，高層ビルより低層ビルの方が延べ床面積に占める屋根の面積の割合が広くなるため省エネ面では有利になる。

　Woodcityは面的な展開を考えているので，ある程度のまとまりのある規模で，住人が歩いてエリア内を把握できることが前提になる。エリア・街区という範囲で，歩いて500mという範囲を考えるなら500×500mで25haである。その中に特殊な要素として小中学校と役所について

図1-2 名古屋大学での勉強会(撮影:河崎泰了)

図1-3 錦二丁目まちづくり構想
(作成:錦二丁目まちづくり協議会:副会長:河崎泰了)

3 haを追加すれば28 haとなり,一般的な都心地区を参考にするなら,その内7割程度が敷地で3割が道路,公園ということになり,モデルとして約21 haということになる。小中学校や役所は500 m圏という範囲に設定する必要は特にないが,今回のWoodcityを考える上では,特に国内でも木造の事例が多く,建築雑誌で多く取り上げられていることから考慮に入れた。また,低中層で延床面積が広い集合住宅と事務所ビルという用途をメインにWoodcityを考えた(図1-5)。

　Woodcityの展開を考える上で社会的に受け入れられる可能性のあるエリアを考えてみたい。現在,我が国では「カーボンニュートラル」,「脱炭素」が盛んに言われ,企業でも重要課題として取り組んでいる状況にある。ものづくりの愛知県では特にトヨタ系企業が多く集まり,工場や住まいなど隅々に至って環境意識が高く,企業・地域全体においてもCO_2の排出削減という意識が根付いていると考えられる。東海エリアでは,都市も名古屋だけに集中しているわけではなく,三河地区などの企業の生産拠点が適切な距離に多く分散しており,通勤などに便利な場所に立地している。そこで働く人たちは駅周辺やその郊外の住宅地に居住し,JRや名鉄などの駅を中心に町を構成している。町を構成する機能として中心となっているのは生産工場であり,駅前に位置する場合や,少し離れた場所で群として存在している(図1-6)。一方,一部の

図1-4　都市木フォーラム(撮影：河崎泰了)

工場では生産する部品や製品自身の変化で工場再編に直面する場合も出てきている。駅に近い工場では建物の老朽化という理由で，別の敷地で工場再編というケースも見受けられる。すでに，工場から商業施設や住宅に変貌している場所もあり，三河地区の駅前にはそのようなところが点在しているようである。このようなエリアで新しいまちづくりを考える上では，従来の駅前開発や，住宅地・商業エリアの再開発もあるが，新しい考え方ができるフィールドとして環境配慮型のカーボンニュートラル都市というものがテーマになるのではなかろうか。環境配慮先導事例として木造のまちづくり，すなわち都市の木質化を推進し，周辺に広めていくことがカーボンニュートラルへの一番の近道であると考える。

　ここでは，安城市，岡崎市，豊田市の中小都心を取り上げ，建物用途地域として近隣商業地域や住居地域が混在し，現在の工場がある敷地を仮想敷地として見立て，中規模都市モデルとして木造木質化都市：Woodcityをイメージした。このエリアは「愛知ものづくり都市のカーボンニュートラルのまちづくり」として取り上げられている。Woodcityの都市計画では容積率が200〜300％の準防火地域や防火指定のない場所で，どの程度のボリュームの木造建築を建てることができるのかを検討した。建物のイメージとして，木を活かす建築推進協議会が出版している「ここまでできる木造建築のすすめ」を参考に，事務所・店舗・共同住宅・学校・宿泊施設などの木造建築モデルを考えた。安城・岡崎・豊田の各エリアは地域まちづくりの活動も活発である。駅前地区では，広場でのPark-PFIなどの木材を活用したプロジェクトがある。このプロジェク

表1-1　名古屋都心部での大型ビルのCO$_2$の排出量(作成：河崎泰了)

ビル名	床面積 (m^2)	基準年 (t-CO$_2$)	実　施 (t-CO$_2$)	削減率 (%)	目　標 (%)	床面積当たり の排出量 (kg-CO$_2$/m^2)
Aビル	21,874	1,520	1,444	5.0	5.0	66.01
Bビル	15,673	1,535	1,507	1.8	2.0	96.15
Cビル	38,963	2,697	2,616	3.0	3.0	67.14
Dビル	36,539	2,001	1,952	2.4	3.0	53.42
Eビル	39,221	2,461	2,570	-4.4	3.0	65.53
Fビル	36,851	3,007	2,981	0.9	3.0	80.89
Gビル	34,415	2,468	2,264	8.3	3.0	65.79
Hビル	30,029	1,688	1,715	-1.6	3.0	57.11
Iビル	27,245	1,658	1,493	10.0	3.0	54.80
Jビル	25,647	1,614	1,524	5.6	5.0	59.42
Kビル	39,689	2,189	2,078	5.1	3.0	52.36

資料：名古屋市ウェブサイト(注3)

図1-5　Woodcityの想定エリア面積（作成：河崎泰了）

図1-6　名古屋と三河の拠点(作成：河崎泰了)

図1-7　錦二丁目ストリートウッドデッキ(撮影：河崎泰了)

トを牽引してきたのは都市の木質化プロジェクトの山側のメンバーである。都市の木質化プロジェクトは，主に大学，行政，設計事務所，デベロッパー，ならびに企業で構成され，約10年前から林業の問題，地域の問題，山と都市をどう結びつけるかという課題の研究に取り組んできた。この活動が浸透して多くの刺激が与えられ，地域コミュニティの形成ツールとして木を使った活動を展開している。エリアマネジメント活動の中では，都市の木質化が若者のまちづくりの必須アイテムになっている（**図1-7**）。

　このように都市の木質化を身近で感じ，木材利用の大切さを感じている人々が多く集まるエリアでは，木造建築の群を構成するWoodcityが受け入れられる素地があると考えている。

1.2　Woodcityのコンセプト

　Woodcityのコンセプトは，次の1)〜6)のように木造であることの特徴が感じられる都市である。

　1)　地元木材を多く活用した中低層木造建築で構成する。

　2)　集合住宅，商業施設，業務施設，研究施設などの多用な用途で構成する。

　3)　建設時，建物運用時，解体時でCO_2の削減効果を地域とともにモニタリングする。

　4)　Woodcity全体がウォーカブル[4]で魅力的な街区を形成する。

　5)　内部・外部空間の木質化を推進し，木であふれるアクティビティが豊富に継続する。

　6)　エリア全体で脱炭素都市のエネルギーマネージメントを行い，サステナブルなスマートシティ[5]を構築する。

　以下，上記のコンセプトを個別に説明する。

　1)　地元木材を多く活用した中低層木造建築で構成することの要点は，A：容積率と規模，B：デザイン性，C：機能性，D：構造，E：環境面，F：施工体制，G：維持管理である。

　<u>A：容積率と規模</u>　容積率を設定する上で，建物用途・規模として事務所の場合，防火指定なしで3,000 m²以下であれば準耐火建築物として設計することができる。郊外での事務所ビルでは，耐火木造の技術を使わない燃え代設計で建設可能な建物規模を考えた。すなわち，地元業者でも施工可能な設計で建設可能な建物規模を想定した。例えば1,500 m²の敷地で容積率が200％であれば延床面積3,000 m²の建物が可能となる。例えば，三河エリアでも準防火地域，または防火指定なしで近隣商業，住居地域容積率200％の場所は多い。準工業地域でも用途地域の見直しで，住居地域や近隣商業地域に変わる可能性の高い場所が存在している。

　<u>B：デザイン性</u>　目線に近い距離で触れることのできる木造木質化により，多様なデザイン展開が可能となる。冬場の外部空間では，高層より低層中庭型の方が居心地の良い空間が生まれる可能性がある。バルコニーでは地域の人同士のコミュニケーションも生まれ，デザイン上のバリエーションが増えるであろう。歩道においても建物の圧迫感がなく，居心地の良い空間になるだろう。建物高さを16 m程度に揃えるなどの景観的配慮により，美しい街並み形成が期待できる。それを木質化空間にすることで魅力も向上する可能性が考えられる。

　<u>C：機能性</u>　高層建物では窓のサッシ部分の耐風圧や窓ガラスの厚みなどで高い性能が要求される。低層であれば風圧条件が下がるのでサッシの強度やガラスの厚みも高層と比較して安価に抑えることができる。

　<u>D：構造</u>　構造的には低層の場合，平面形状にもよるが，木造は軽量であるので基礎も小さくて済む。構造部材としての木材のサイズも小さくて済むだろう。一方，高層の場合，地震・風圧による水平力に対し，基礎やコア部分で対抗するような構造形式をとる必要があるため，低層に比べ高層ではコンクリート部分も増える傾向にある。また，建物の荷重を受けるので，1階や低層部の柱のサイズは大きくなる。低層の建築物はさまざまな構造形式の検討も可能で，柱梁の

---

4)　国土交通省：WALKABLE PORTAL. https://www.mlit.go.jp/toshi/walkable/（2023年5月閲覧）

5)　内閣府：スマートシティ. https://www8.cao.go.jp/cstp/society5_0/smartcity/（2023年5月閲覧）

7,000㎡の敷地に板状のマンションが2棟

容積率200％

7,000㎡の敷地に塔状のマンションが2棟

7,000㎡の敷地に
5〜6層の中庭タイプの1階店舗
と基準階が住宅の複合ビル

図1-8　容積率200％の板状，高層，低層のマンション（作成：河崎泰了）

ラーメン構造以外に，CLTの壁式構法も可能で，今後新しい構法開発も期待できる。

　E：環境面　RC造，鉄骨造，木造ハイブリッド建築での施工時のCO_2排出量を高層と低層で比較すると，作業用のエレベーターやクレーンの使用量など，RC造の構造体・基礎の量に比例して，高層木造ハイブリッド建築では低層木造ハイブリッド建築よりCO_2の排出量が増えることが予想される。省エネの考え方では，太陽光発電パネルを屋上に設置する面積が，高層より低層で相対的に広くなるため単位面積あたりの発電量も増え，環境面のメリットが期待できる。さらに，維持管理面では高層ビルの方が日常的に使うエレベーターや水道ポンプなどでエネルギーの使用量が圧倒的に増える（**図1-8**）。

　F：施工体制　中高層木造では，木造技術，特殊な工法，複合部材などの面で，かなりの経験と高い技術が要求されている。これについては大手建設会社が凌ぎを削っており，今後も世界競争の中で戦わねばならない分野である。一方，低層中層の木造建築では，地元産の木材を多く活用するという観点などから地域に密着する地元建設会社が参入しやすく，中小の建設会社が実績を重ねている。Woodcityは広い裾野まで普及することが重要であり，特殊であってはならない。耐火の課題があるが，中小規模準耐火建築物の可能性を突き詰めることで，林業や製材産業，集成材の工場がどうあるべきかを考える必要がある。

　G：維持管理　低層建物では長期的メンテナンスのための足場設置コストも比較的割安である。外壁シールの打ち直しや塗装・清掃など15〜20年毎に長期的な修繕を計画しなければならない。そのために，外壁に足場を組み立てることが必要で，高層になればコストが増えるので維持修繕費も割高になる。

図1-9　コワーキングスペース（撮影：河崎泰了）

今回は想定される建物の規模，床面積や建物高さをもとにして木造建築を容易につくりやすい規模を想定している。より現実のイメージに近い規模の建築群を予想し，木造都市をイメージすることで課題を分析したい。

2）今後の都市のあり方において，集合住宅，商業施設，業務施設，研究施設など多様な用途があり，地方再生の課題解決の一方法になり得ると考えられる。働く場として，東京，大阪，名古屋の中心部という考えになりがちだが，東海エリアの特に三河エリアでは，工場内の研究施設，工場周辺の事務所，その周辺の住まい，集合住宅などが分散している。以前，工場閉鎖により土地が工場用途から商業施設や住宅に変われば街はどのように変化するのか，などを考えるプロジェクトの初期スタディを担当したことがある。より魅力的な街区としては，単なる商業施設だけでなく集合住宅も含めた複合用途である。工場跡地計画では大型商業施設が大きく展開したが，はたして持続可能であろうか。働く場を中心に，商業，住居，事務所，研究機関など，地方での複合都市の可能性を探りたい。職住近接で，今やワークスタイルも多様となり，コワーキングスペース（**図1-9**）も都心部だけでなく，郊外で住まいと近い場所，魅力的な環境下でインターネットによりどこにでも通じ会える職場も増えている。その中で，イノベーションを生み出す場が求められている。ものづくりを背景とした仮想とリアルの両方をつなぐ場として複合用途での魅力的な都市が求められていると考える。

3）Woodcityがウォーカブルで魅力的な街区となるためには，エリアマネジメント会社などの地域まちづくり事業を行う団体と行政との連携が大切になる。エリアマネジメントは都心部から地方に展開し，さまざまな場面で注目を浴びている。その中でも，中心都市での駅前の賑わいづくりにさまざまな地域団体やNPO団体が活躍し，賑わい作りに貢献している。都市の木質化プロジェクトのメンバーは木材を活用する芝生の広場や小規模なカフェスペースなど，木を意識した空間作りも行なっている。木材の提供からものづくりに至るインフルエンサーになっている。このようなエリアマネジメントの活動では，木材のDIYによるものづくりやことづくりは必須アイテムとなっている。木造や木質の要素は，今や若者のまちづくりのツールになっている。この未来をつくる若者たちの住まいや働き方のエリアとして木造スペースが注目されている。エリアの景観要素として，木造木質化要素を街並みに追加し，全体としての景観地区を形成し，地域の色彩や要素などを指定，追加しながら木造木質化都市を作っていくことが重要であろう。さら

図1-10　倉敷の街並み（撮影：河崎泰了）

図1-11　DIYでつくるストリートウッドデッキ（撮影：河崎泰了）

に，駅前再開発での木造ビルの展開や広場でのPark-PFI[6]では木造建築の可能性が広がっている。このように，建物群の構造をただ単に木造とするだけでなく，建物の外構部分や広場のデッキ部分などを木造木質化にすることでエリア全体が魅力あるウォーカブルな空間になるだろう。

4）都市をイメージする部分としては，建物群の外部の表情，そして内部の空間である。内部空間に入ってもその独特の雰囲気を感じる街が外部と内部でつながり，全体的にも都市空間として魅力的な空間になっていることである。歴史的な街並みはそれらが木でつくられた町屋であり，表層でも窓の格子，腰壁，犬夜来，軒の垂木など，木で出来ている。防火のために漆喰で塗られた蔵の壁，さらに，瓦の素材で腰壁を張り巡らししたなまこ壁など，その地方における洗練された技法が美しい街並みを作りだしている（**図1-10**）。現代の中低層の集合住宅や事務所群では，木材の組み合わせを工夫して新しい街並みを作り出そうとしており，そのテーマ自身もWoodcityの課題となるだろう。建物の外観，そして，内部空間，造作家具，什器備品に至るまで，木材製品として視覚的につながるかどうかは大切だ。現在活動している錦二丁目まちづくり協議会の都市の木質化プロジェクトでは，建物敷地内や歩道空間の大きなベンチをストリートウッドデッキと命名し，地元の森林組合で調達した木材を加工し，地元で設計し独自にDIYでつくることをすでに10年続けてきた。そのストリートウッドデッキは，今では地域だけでなく，地元企業の中でも着実に認識され，環境活動，地域活動のシンボルになっている（**図1-11**）。建物の外構部分，特にDIYで作ったウッドデッキには愛着を感じる人が多い。昼間では，お弁当を食べている人，数人で喋っている人，スマホを眺めて時間を潰している人など，多くの人がこの木の大きなベンチに座ってくつろいでいるのである（**図1-12**）。外壁デザインではバルコニーの軒天井でも木製とすることが

6）国土交通省 都市局 公園緑地・景観課：公募設置管理制度（Park-PFI）について. https://www.mlit.go.jp/sogoseisaku/kanminrenkei/content/001329492.pdf（2023年5月閲覧）

図1-12　ストリートウッドデッキの昼間の様子
（撮影：河崎泰了）

可能である。特に1階からバルコニーを見上げると軒天井が広く目に入り、その部分を木製とするだけで、その建物が一気に「木の雰囲気のする建物」になる。建物の外部に使う木材などには法規制もあるが、その内容を理解して工夫すれば結構使えてくるのである。このように、建物の外部、内部、そして外構の部分から道路につながる部分まで木質にあふれている街並み空間はとても魅力的でWoodcityの目指す姿なのである。

5）最近ではデジタル化の推進でスマートシティが注目されている。Woodcityでは建設時のCO_2排出量が少なく、建物運用時においても中低層でのエネルギー排出量が少なく、ウォーカブル、シェアサイクル、オンデマンド自動運転車、職場ではコワーキングスペースにおける緑あふれた執務空間、住まいでは木に囲まれた暮らしを目指している。生活用品では木材由来の材料を中心的材料とするものを使う人々がいる。そしてお店もそのような材料で料理を提供するレストランやカフェが多くある。街全体でリサイクルやエネルギー循環を可能とするスマートシティである。エネルギーは個々の集合住宅、事務所、個々の店舗に至るまでスマートにエネルギーコントロールがなされ、お互いのエネルギー融通もできるスマートシティである。建物の木造木質化によるCO_2削減効果だけでなく、運用時も全てエネルギー収支が見える化され、住民や働く人全てが環境意識の高い人で構成されるサステナブルでスマートなエリアである。そのような人々が木の良さ、木で囲まれたライフスタイルの素晴らしさの情報発信を行い、Woodcityが好ましい循環の歯車になっていくことを期待している。

6）Woodcityを考える上で、木材は長野、静岡を含む、愛知、三重、岐阜の東海エリアの木材を活用し、このエリア内で製材から集成材の生産、プレカットから組立まで一貫した地元生産が建設時でのCO_2を削減するということを考えたい。建物は、容積率に応じてエリア内で建設可能となる最大の大きさを想定した。そして木材使用量を算出し、建設時のCO_2排出量やC貯蔵量を算出する。これらの建築物の建材製造から建設段階に至るまでのCO_2排出量を予測し、さらに検証が必要である。また、建設時だけでなく、建物の運用維持段階でのエネルギー使用量も算定し、60〜100年間のCO_2排出量と、自然エネルギーの活用量を予測する。最終的には、建物解体時のCO_2排出量を計算して、トータルのCO_2排出量を推定したい。加えて、木材がCO_2を固定する期間に森林が育つ量を確保できるかどうかを評価できれば理想的である。カーボンニュートラルの都市とは、建設時から維持管理の60年間、そして解体時までの、その建物が存在する間に排出するCO_2を再生エネルギーと森林が吸収して育つことで相殺してゼロとなるのが理想であ

る。都市の規模でイメージすると，郊外型で2〜3階建ての事務所があるエリア，容積率200％のエリアで低層にすれば，太陽光発電パネルを相対的に大きな面積で設置できる屋根を計画できる。建設時で削減できなかったCO_2排出量を，この太陽光発電による60年間のプラス部分で相殺していくことができる。解体時には固定したCO_2をバイオマス発電でエネルギーにして，そのエネルギーも活用すればより環境配慮型になる。実際には高性能な先端的な省エネ技術を投入しなければ実質的なNET-ZEBには遠いが，今後の省エネ技術開発に期待したい。

1.3　仮想建築群のCGイメージ

　本節では，Woodcityの仮想建物群を考える初期段階として，BIM（Building Information Modeling）を活用することでWoodcityの仮想建物に必要な材料使用量を把握することにする。どの程度の規模の木造が好ましいのか，事務所，商業ビル，集合住宅のハイブリッド木造建築を設計し，木材投入量，コンクリート・鉄骨の大凡の量を予測することができる。BIMでは，レイヤーを分割することで一覧表に表示される数量を自動的に合計する機能があり，基本計画時に柱，梁，床，壁の木材のレイヤーを分けることで，使用材料の量が把握できるようになっている。設計作業上，それを目安に増減して，常に数量を把握しながらの設計が可能である。プロトタイプとして，ハイブリッド木造の事務所，商業ビル，集合住宅を計画し，必要木材量を求めた。このシミュレーションをベースに，ハイブリッド木造で考えた建築群をまとめ，仮想の木造都市（Woodcity）を計画し，木材の使用量とともに，その空間が示す木造都市のイメージをコンピューター上で創作した。平面的な設計図だけでなく，ビジュアル的にもリアルで臨場感のある空間の中で木造都市を考える。

　そこで，まずは仮想の木造都市をつくってみる。最近，メタバースも話題であるが，バーチャルな木造都市を作り，その中でさまざまな擬似体験ができる空間をどんどん作ってみる。例えば，名古屋都心部の街区を全てバーチャルな都市として再現し，建物を段階的に木造に作り変えていくプロジェクトが考えられる。ただ単にデータとしてのWoodcityを創るのではなく，その過程で排出されるCO_2や，運用維持管理におけるCO_2排出量をシミュレーションできるようにする。さらに，エリアマネジメント会社がそのようなWoodcityを経営し，さまざまな商業活動やコミュニティサービスなどをバーチャルな空間で行うプロジェクトを考える。例えば，木造オフィスを作り，そこでWoodcityや木材利用，都市と森林のつながりを考える会議を運営する。その会議では，木造建築や都市木の講座カリキュラムを用意し，これに参加することで木造や森林の知識を高めていく。講座に参加する企業，実務者，研究者，学生や行政関係者などが分野横断型の交流を図り，互いにWoodcityの推進を目指す。バーチャルでありながらリアルなコミュニティを形成する場を構築し，海外の実務者や研究者との連携を通じて都市と森林の問題をオンライン学習し情報交換することで，Woodcity空間を設計できる若手設計者を育成することが，バーチャルなWoodcityの中でのプロジェクト体制の一例として考えられる。

　このようなことから，一般や社会人などに向けた大学等の教育機関や各種講座のリカレントプログラムで，カリキュラムとしてのCADやBIMを理解習得した上で，Woodcityを構成する木造建築や木造ハイブリッド建築の設計課題に取り組むことなどが考えられるだろう（**図1-13**）。

図1-13　大学内でのBIM教育(撮影：河崎泰了)

例えば，名古屋都心部でWoodcityの推進に取り組んでいる都市の木質化プロジェクトやその学生会としてのMOKKO[7]がある。学生会の構成は，複数の大学農学部の森林・木材系，工学部の建築・土木・環境系などの学生が参加している。また，本書の第4.7節で触れるように，木造都市のアイデア募集で学生を対象にNPO都市木が開催した賞金付コンペでは，さまざまなアイデア・作品の応募と作品データが集まった。これらの作品応募者と設計者によるコラボレーションが発生すれば木造都市のプランニングなどの活動が展開するであろうし，企業などが協賛してくれるなら，企業PRの機会にもなるだろう。現実として，大学生のBIM習得速度は専攻分野を問わず極めて早い。大学等でのBIM教育によるWoodcityのコア人材育成プログラムを構築する価値は十分ある。

　ところで，BIMを習得した先の見返りは何だろうか。大学等における建築分野の卒業設計はもとより，他の分野における図説も立体的なわかりやすい表現にすることができるなど，研究や論文作成などのさまざまな場面において役に立つツールになるはずである。さらに大学院レベルにもなると，単なる建築物のレベルからWoodcityのような面的広がりを持つレベルへと研究の幅が広がり，さまざまな要素を含む環境シミュレーションなど，各種の分野での研究に幅が出てくるはずである。Woodcityの建物群に関わる温暖効果ガスの収支を推定計算し，その結果を人々が認識した時に真に持続可能な社会が実現できるのかどうかを考えることのできるデータを提示することも大事だろう。このように，まずはバーチャルな空間の実験を通じて市民に訴えを浸透させることができるか，次に行政側に訴求することができるか，そしてこれを実現しようするデベロッパーが現れるかどうかが重要である。

　本節の前置きが長くなったが，Woodcityの仮想建物として低層建築群の街をイメージしてみる。これにはヨーロッパの街並みが参考になるだろう。伝統的な街並みもあるが，新しいものであっても中低層の建築群で街並みができている。デュッセルドルフやベルリン国際建築展(IBA)における建築群は参考になるだろう。中低層建物群で構成されるWoodcityは，ウォーカブルな歩いて楽しい規模感の都市であり，そこに木造木質化建物の街並みをイメージした。デュッセルドルフは金融の街であり，新旧の建物が混在している。欧州の都市には歴史的な観光地が多いが，デュッセルドルフには新しい建物も多くありトラムが走る落ち着いた街並である。建物のスカイラインが街区全体で統一され，街区の中心には中庭があり低層部は賑わいが感じられる街並になっている。中心部には大型のデパートがあり，その周辺には路面店が多く並ぶなど多くの

7)　MOKKO：https://mokko-timberstudentcouncil.jimdofree.com/（2023年5月閲覧）

図1-14　デュッセルドルフの街並み(新しいオフィスエリア)
(撮影：河崎泰了)

図1-15　ベルリンIBAの国際建築展の集合住宅(撮影：河崎泰了)

図1-16　幕張ベイタウン(撮影：河崎泰了)

人々が歩道でそぞろ歩きをしている。スカイラインが統一されていることで落ち着いた雰囲気を演出している。ライン川付近の新しく開発されたエリアでは，中低層の事務所ビルや集合住宅がほぼ同じ高さでデザインされており，全体の都市・地区計画で建物の高さが制限されていることにより，暮らしと景観のバランスが保たれた印象を受ける街である（**図1-14**）。

　ベルリンでは東ベルリンの国際建築展で建てられた集合住宅が印象的である（**図1-15**）。街区を割り当て，建築家が独自のデザインで展開する街並みになっている。全体としての建物高さや容積が定められており，その範囲内で各々の建築家がデザインを展開することでその時期の建築文化を開花させようとする考えは，住み続けることを目的とした独自のまちづくりの試みである。

　我が国でも類似の中低層中庭型の街並みが千葉幕張のベイタウンエリアにある（**図1-16**）。千葉県企業庁，大手デベロッパー，建設会社，UR都市機構などが大規模なエリアで住宅開発を行い小学校や公園を併設するという一大プロジェクトであった。著名建築家のデザインが採用され，それぞれの街区で中低層中庭型の集合住宅が形成されている。メインストリートに面する地上階部分には店舗が入り，商店街振興組合が結成されることでさまざまな地域イベントの開催に至っている。エリア全体で中低層中庭型の集合住宅でまとめる都市計画のもとで全体をつくりあげたプロジェクトである。とはいえ，その後の経済論理の波に呑み込まれた結果，周辺の集合住宅プロジェクトは高層

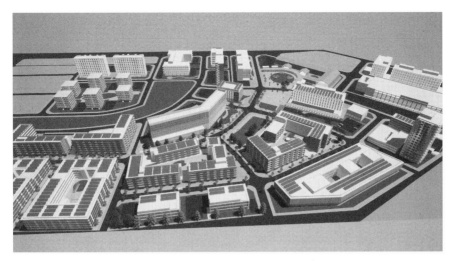

図1-17　Woodcity鳥瞰図（作成：河﨑泰了）

の板状・塔状のマンション群となったが，中庭街区型のマンションは人気が高く，貴重であると考えられる。

　以上のようなことを参考に，Woodcityの仮想建物群として中低層の街並みを考えた。計画のポイントは次のようになる。

1) 容積率は住居商業業務混合エリアで200％，住居専用エリアでは100％で計画し，防火指定なしを想定する。
2) 中庭街区型の集合住宅を中心部に配置し，メインストリートに面する低層部には店舗を展開する。
3) 公共公園を併設し，指定管理者を配置することで園内の商業活動も可能とする。
4) 低層木造商業施設のイベント広場が公園・役所と連続するように計画する。
5) メインストリートは歩行者優先道路とし，周辺の建物低層部の店舗と連続させる。
6) 集合住宅は典型的な板状集合住宅や塔状集合住宅も含めて計画する。
7) 典型的なスーパーマーケットの量販店，隣地に低層のテーマ型のショッピングモール，集合住宅の低層での店舗全体として店舗レイアウトを行う。
8) 容積率100％以下の低層集合住宅群では木造テラスハウス群を計画する。
9) 職住近接として企業研究所，公設研究所，事務所を計画する。
10) ホテルは宴会場のあるシティ型とビジネス型の2種類を計画する。
11) 街区内に小学校と中学校を計画する。

　このように幾つかのポイントを考え，場合によっては別のプロジェクトに応用できるように，機能・プロジェクト等に応じて組み合わせることができるように考えた（**図1-17**）。

1.4　Woodcityの仮想的建物規模と構造

　ここでは，集合住宅では板状・塔状・中庭のパターン，商業施設は2階建，1階食品2階物販の別棟で自走式駐車場棟があるパターン，事務所建築においては片側・両側コアのパターン，ホ

テルではシティ型・ビジネス型のパターン，学校では木造3階建て学校(木三学)で建設可能なパターンをBIMでモデルを作り，木材使用量を算定する。

　まずは，木造集合住宅を考える。木材使用量は$0.2\,\mathrm{m^3/m^2}$を目標に計画する。この数値を目標とすることの根拠は，一般的木造戸建て住宅の単位面積当たりの木材使用量が，ほぼこの値に近いためである。この考え方によれば，各建物で必要となる木材量を概算できると考えられる。ただし，実際の構造設計により積算される木材必要量との比較検証は行なっていない。

　典型的な板状のマンションでは，全面南面でバルコニー付きの北側は外部廊下となっており，外部階段とエレベーターで構成する。北側廊下面でも採光が確保できるように外部階段の位置に配慮する。$7{,}000\,\mathrm{m^2}$の敷地では，11階建マンションが2棟の団地タイプとなる。北側は自転車置き場や駐車場で占められ，影となるスペースになる。法的には日影規制により影が伸びないように計画する必要がある。このようなマンションの平面計画では，1階部分をRC造とし，両側をコンクリート構造体，または中央部分のスパンをコンクリート造で構成し，残りの部分を木造の柱・梁で構成する。さらに，壁をCLTと防火壁で構成し，床もCLTとコンクリートの複合床で構成する。このように構成するなら，木材使用量は$0.2\,\mathrm{m^3/m^2}$となる(図1-18)。ところで，このような構成の板状マンションは実現していない。理由は経済性によるものである。高い事業性を優先させるなら，板状マンションの木造木質化は現実的には難しい。

　一方，塔状のマンションでは，例えば東北の木造賃貸マンションや，東京の分譲マンションの各プロジェクトで塔状のハイブリッド木造が実現している。これらを参考にコンパクトな平面での塔状マンションを考えた(図1-19)。さらに計画中のAプロジェクトで考えると，建物中心部にコンクリートのコアを設け，その周囲に木造柱・CLT床を配置する考え方なら事業性に見合うだろうと判断している。なお，このような塔状マンションでは，木材使用量$0.2\,\mathrm{m^3/m^2}$を達成するのは難しいと考えている。木材使用量として，柱・壁だけで消費を多くすることは難しい。逆にCLTで面的な使用法を考えるなら木材の使用量は増えると考えられている。このAプロジェクトは6〜8層の中層塔状タイプである(図1-20，図1-21)。コア部分をコンクリートとし，柱は集成材，耐火対策はプラスターボードで覆うメンブレンタイプ，梁のないフラットスラブで，CLTとコンクリートを組み合わせた工法である。壁をCLTではなく，製材を組み合わせたパネルによるユニット化を計画しているが，壁をCLTとする場合には使用量$0.2\,\mathrm{m^3/m^2}$を達成できるので，CLTの生産効率と地元産製材の組み合わせによる工法の可能性を追求している。当該計画では延床面積が$2{,}130\,\mathrm{m^2}$，木材使用量が$314\,\mathrm{m^3}$であるので単位面積当たりでは$0.147\,\mathrm{m^3/m^2}$である。これが3棟あり，約$900\,\mathrm{m^3}$の木材使用量が見込める木造のビッグプロジェクトである。現実的な数値としての試金石になるだろう。このプロジェクトは社宅用途を想定しているが，夫婦2人向けは$50\,\mathrm{m^2}$，家族向けは$66\,\mathrm{m^2}$という設定である。$300\,\mathrm{m^2}$程度(17m四方)の床面積で層状に6〜8階建の建物が3棟(各階は4戸)の2時間耐火建築である。塔状の階段エレベーター，廊下部分のコアをRC造，柱・外壁・床をCLTとRCの複合としている。本来ならば，独自技術の2時間耐火木造柱を使用するところであるが，これを製造することのできる工場が周辺にはないので，地元産木材を最大限に活用し，地元周辺に立地する大断面集成材工場で供給可能な材料を利用するという条件から，使用する木質材料と工法が決まった。また，集合住宅の場合，住戸と防火区画が課題となる。防火区画は木造のパネルだけでは成立しないので，防火性能のある外壁

図1-18 **板状マンション**(作成：河崎泰了)

図1-19 **塔状マンション**(作成：河崎泰了)

が必要となる。さらに当該プロジェクトでは高い断熱性能が求められており，独自開発の高断熱サッシと厚さ300 mmの高断熱壁に，表層は木材に薬液注入した外壁としている。建築主と共同で考えた断熱性能の高い集合住宅であり，建設時や運用維持管理面においてもCO_2排出量を抑え脱炭素を目指したモデル住戸となっている。

　低層中庭タイプでは典型的な板状マンションの組み合わせとした。中庭タイプといっても，小さな中庭を構成するものではなく，全体で7,000 m^2 から6,000 m^2 程度の一つの街区を構成する中央の中庭である。容積率200%でどの程度の階数になるかというと5〜6階である。住戸数は100程度になり，駐車場も1戸1台を確保する場合には地下と1階を自走式駐車場とし，さらに中庭に魅力付けをするために，駐車場の上を屋上庭園とし，中庭に面する子供の遊び場，一部プレイ

図1-20　計画中のプロジェクトのモデルをWoodcityに展開した例（作成：河崎泰了）

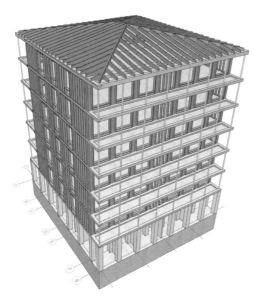

図1-21　計画中のプロジェクト（作成：河崎泰了）

ルームやカフェを設置する。1階部分は廊下側の彩光を確保することができないため，メインストリートには店舗を設ける。それ以外の部分は，片側からの彩光で平面を計画する必要があるが，塔状マンションでは片側で彩光を取っている。1段上がった屋上庭園へのアプローチには工夫が必要で，勾配がゆるやかな階段で緑あふれるスペースを作ることができ，魅力ある場作りができる可能性がある（**図1-22**）。これら中低層のマンションは，いわゆる柱梁のフレームでバルコニーばかりが面する街並みではなく，木の外壁が主張する面と，必要最小限のバルコニーで構成され，外観上でも木のビルというイメージがする木造の集合住宅を目指したい。

　一方，容積率が100％近い低層集合住宅では，タウンハウスもしくはテラスハウスのように3層程度で構成される，中庭も緑あふれる空間で考えている。小さな街区では3層の小さなユニットに路地空間を組み合わせ，1階部にはこだわりの店舗を展開し，住民の溜まり場を考える（**図1-23**）。このように集合住宅は中低層での展開をメインストリートに配置するが，その周辺には技術的，経済的にも可能な板状や塔状のマンションもプロトタイプとして計画する。中低層のマンションの1階部分にある店舗には付加価値をつけたいので，店舗前に駐車場があるタイプを考える。看板だけが目立つ景観になっているのが典型的なロードサイド型である。ここでは総合的にエリア全体でテナントを効果的に配置することを前提とし，駐車場は集中的に計画する。ショッピングセンターの一部や低層の店舗用の駐車場を確保し，自動運転や電動カートなど，スローなパーソナルモビリティなどで，この街の低

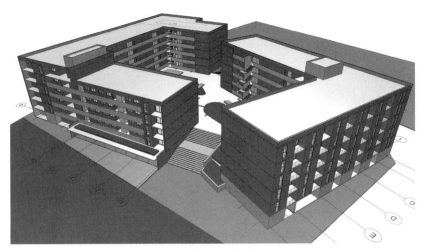

図 1-22　中庭タイプの集合住宅(作成：河崎泰了)

図 1-23　低層集合住宅(作成：河崎泰了)

層部の店舗を巡り歩くことを想定している。店舗前には車の駐車スペースはなく，広くオープンな外部空間があり，外部空間でパラソルを広げて商行為ができるスペースが展開できるものとしたい(**図 1-24，図 1-25，図 1-26**)。

　大型商業建築では，典型的なショッピングセンターに一部木造を組み込む方法と木造をベースとしたオープンエアー店舗の組み合わせで考える。典型的なショッピングセンターとしては，1階がスーパーマーケット，2階が家電量販店や100円ショップなど日常品を揃える大型店舗とし，オープンエアーの店舗は，洋服や小物雑貨類，飲食などのモールタイプの専門店街を考えている。典型的なショッピングセンターでは，上層階に駐車場を確保することが必要で，メインの構造は鉄骨でスパンを飛ばし，営業スペースを十分に確保し，店舗レイアウトも自由にできる空間が求められる。一部環境配慮スペースとして，休憩スペースやフードコートでは木造空間という計画になる。このように大型商業施設と小売店舗が一体となった商業スペースで，不動産事業者が一体となって付加価値を上げるモデルを展開したい(**図 1-27，図 1-28**)。

図1-24　中庭タイプの1階部分の店舗（作成：河崎泰了）

図1-25　中庭タイプの広場に面する1階部分の店舗（作成：河崎泰了）

図1-26　中庭タイプの広場に面する1階部分の店舗のオープンカフェ（作成：河崎泰了）

　事務所では，階段やエレベーター，トイレなどのコア部分が片側，またはコア部分が両側，さらにコア部分が分散しているパターンをつくった。まず，1階部分がRC造，2〜3階が木造のハ

図1-27 オープンエアー商業施設と広場(作成：河崎泰了)

図1-28 集合住宅と1階の連続する店舗(作成：河崎泰了)

イブリッド構造とした。2～3階部分は柱梁が木造で，床や壁がRC造である。柱，梁の木造に加え，床をCLTで，防音対策としてコンクリートを打設し，壁の一部をCLTとする。今回の事務所タイプでは，コア部分以外の外壁に面する部分の柱を木造とし，コアからそれをつなぐ梁を木造で構成する（**図1-29**）。また，他の事務所のパターンでは，防火指定なし，4階程度で3,000 m² 以下のプロトタイプも考える。1階部分がRC造，2～4階は木造の準耐火建築物である。両側コアの事務所は，地方の庁舎や，保険会社，信用金庫の事務所，各種主張所の事務所，工場敷地内の事務所棟への展開が可能である（**図1-30**）。低層で大規模の事務所の展開を考えると，ある程度採光も必要であり，快適なオフィス空間をつくり，さまざまな場所に自然光が入る計画としたい。このようなタイプでは，短辺が短く，長辺が比較的長いプロポーションの事務所が想像できる。コアは分散型になり，執務室の奥行はテナントの分割の可能性と，木造の梁のスパンの構造的限界と経済性を考慮し，柱スパンを10～12 mで3,600 mmピッチで分割できるタイプで考える。事務所のパターンは，これら片側コア，両側コア，分散コアの3つのタイプを用意した。

　ホテルとしては，通常のビジネスホテルと宴会場を持つシティホテルのタイプがある。このような立地では，ホテルとしてはビジネスホテルが主流となる。ビジネスホテルは敷地面積も小

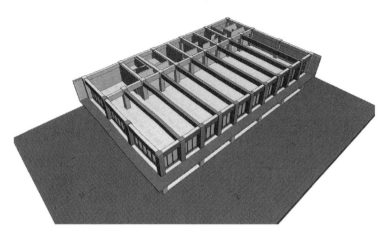

図1-29　**片側コアの事務所のモデル**（作成：河崎泰了）

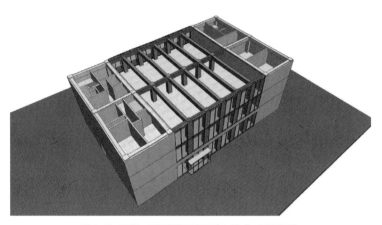

図1-30　**両側コアの事務所のモデル**（作成：河崎泰了）

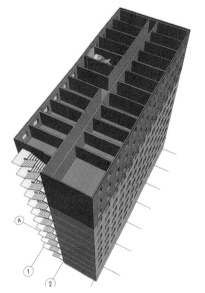

図1-31　**ビジネスホテルのモデル**（作成：河崎泰了）

さく，180〜200室を基準に計画する。1フロア14〜16室で10〜12階程度の規模になる。コア部分をRC造ではなく，上層部から4階部分を木造で，柱梁を集成材，壁，床をCLTで計画する（**図1-31**）。シティホテルは階数を8階程度とし，上層部から4階部分を木造で考える。1階はロビー，レストランなどで，2階を宴会場エリアなどとし，3〜8階を客室階とする。1階部分では，レストラン，カフェの部分で木質の展開や，屋外の外部空間での木質部材の活用など，非日常の空間として木質の良さを表現したい。

　企業研究施設，公設研究施設，役所については，事務所の片側コアタイプを中心に，コア部分はRC造や鉄骨造に，12m程度のスパンを木造の柱梁で構成し，床部分をCLTで構成する。役所については，執務スペースの他，エネルギーセンターとしてバイオマス発電施設が付属建屋として別棟で配置している。また，外来者用に地下部分に自走式の駐車場，エントランス部分に木材を活用したアーケードなどを配置し，Woodcityのシンボル的な存在としたい（**図1-32**）。研究所については，大学の研究所のようにバルコニー部分に屋外機，配管などが自由にレイアウトできるような基本デザインとして展開し，バルコニーの先端部分には屋外機の目隠しとて縦型の木製ルーバーを積極的なデザインの展開として考えた（**図1-33**）。小学校・中学

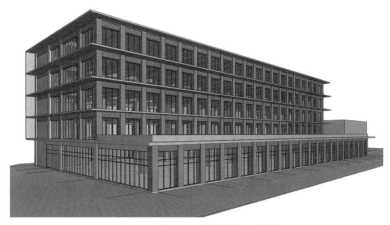

図1-32　役所のモデル(作成：河崎泰了)

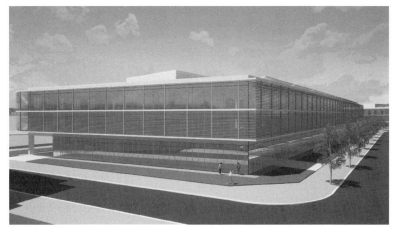

図1-33　企業研究所のモデル(作成：河崎泰了)

校の場合，地域材を活用する木造建築の展開として，小学校は木造2階，中学校は木造3階建ての木三学のタイプで考えた。3階建ては1時間準耐火建築物の燃え代設計で考える。柱，梁も一般の製材または集成材となる。校舎の防火区画が3,000 m² 毎の耐火性能の高い壁で区画されたもので構成される。**図1-34** にWoodcityの全体像を示しておく。

　Woodcityの木材投入量について，今回の敷地面積21 haをベースに商業施設，事務所，ホテル，集合住宅，研究所，役所，学校を適切に配置し，容積率100〜200％を基本として建物ボリュームを計画した。各用途に応じた平面計画で木材を最大限に投入できる可能性という視点でボリューム計画をしている。繰り返すが，ボリューム計画では，構造計画までは行っておらず，今までのプロジェクトを通じて，構造体の部分を木造でできる可能性のある部分を木造としたシミュレーションである。あくまでも叩き台の計画であり，読者にはこれだけの木材を投入した場合に浮かび上がってくる課題を議論するためのモデルと考えていただきたい。

　その上で，集合住宅のみ200％近い容積率とし，その他事務所，研究所，役所については限度容積までの容積率ではなく，郊外での適切な事務所，研究所などの空間として機能する規模で考えた。その結果，全体の床面積は23.7万 m² となり，全体の木材使用量は約5万 m³ 程度となった。

図1-34　Woodcity全体イメージ（作成：河﨑泰了）

そのうちCLTは3.1万m³と想定された。全体の単位床面積あたりの木材使用量では0.2m³/m²となった（**表1-2**，**表1-3**）。前提条件としては，全てのモデルを作成し，数量は算出せず，低層集合住宅，公益研究所，小・中学校では木材投入量歩掛0.2m³/m²を目標とし，柱，梁，床，壁を適切な配分比をベースとして類推した。個別の建物の検討では，一般的なスーパーマーケットでは0.05m³/m²，CLTを積極的に活用する商業施設では0.2m³/m²を想定している。木材は，壁，屋根，床の部分をCLTで構成し，柱，梁は鉄骨で考えている。事務所としては，両側コアのタイプは0.30m³/m²と歩掛は高く，片側コアは柱，梁，床をCLTで構成する場合は0.20m³/m²となる。その中でも，柱，梁，床の比率は，0.25，0.25，0.5で床でのCLTパネルの割合が非常に高くなる傾向になった。4階の3,200m²の床面積で歩掛0.3m³/m²の木材使用量が690m³程度であるので，かなりの量の木材使用量となる。床面積9,000m²の事務所で歩掛が0.2m³/m²であれば1,800m³の木材量になるという理屈である。これらの建物の木材使用量の合計は49,000m³であり，24万m²の膨大なプロジェクトで，これを10年間として年間2.4万m²で4,900m³を投入する木材生産体制が必要となるだろう。

表 1-2　Woodcity 全体の木材使用量 -1（作成：河崎泰了）

項目	単位											
建物		A		B		C	D	E	G	G	G	G
施設		商業施設A	商業施設B	事務所1A	事務所1B	事務所2	ホテル	ホテル	低層集合住宅1A	低層集合住宅1B	集合住宅2A板状	集合住宅2B塔状+低層
規模		中規模	中規模	194人	750人	1,445人	220室	480室	50戸	110戸	146戸	146戸
備考		駐車場合	28,000m²の1/12	—	—	3棟	ビジネス	宴会場付	低層集合1	低層集合2	2棟	1棟
地上階 木質造		2(一部)	2	3	3	4	4	3	3	3	2	図示
地上階 RC造		S造:3	—	—	1	1	8	5	—	—	—	図示
地下階 RC造		—	—	一部	1	1	—	—	—	—	図示	図示
階		3F	2F	4F	5F	5F	12F	8F	3F	3F	11F	17F
容対延床面積	m²	13,000	6,656	2,333	9,000	16,000	5,493	15,762	3,900	8,262	12,928	11,560
法定延床面積	m²	—	—	—	—	—	5,493	15,762	—	—	13,772	14,170
建築面積	m²	—	—	585	1,800	3,470	416	—	1,979	4,131	—	1,200
敷地面積	m²	15,000	14,700	3,200	5,000	10,500	2,400	9,200	5,300	10,700	7,500	5,400
容積率	%	80	200	72.9	180.0	152.4	228.9	171.3	73.6	77.2	172.4	214.1
許容容積率	%	200	200	200	300	300	300	200	100	100	200	200
構造形式		集成材+S	集成材	RC+集成材	RC+集成材	RC+集成材	RC+CLT+集成材	RC+集成材	CLTまたは2×4	CLTまたは2×4	RC+CLT+集成材	RC+CLT+集成材
耐火・準耐火		耐火	準耐火+耐火	特定準耐火	耐火	耐火	耐火	耐火	準耐火	準耐火	耐火	耐火
木材使用量合計	m³	688.03	332.80	318.50	540.00	960.00	1,292.96	3,023.09	1,170.00	2,478.60	2,126.62	3,428.25
木材柱	m³	196.51	0.00	158.56	270.00	480.00	772.92	2,333.53	0.00	0.00	219.24	452.43
木材壁CLT	m³	0.00	332.80	0.00	0.00	0.00	0.00	0.00	585.00	1,239.30	0.00	785.10
木材床CLT	m³	0.00	0.00	0.00	0.00	0.00	520.04	689.56	585.00	1,239.30	1,187.22	1,887.20
木材梁	m³	265.57	0.00	159.94	270.00	480.00	0.00	0.00	0.00	0.00	720.16	303.52
歩掛	m³/m²	0.05	0.05	0.14	0.06	0.06	0.24	0.19	0.30	0.30	0.15	0.24

	商業施設A	商業施設B	事務所1A	事務所1B	事務所2	ホテル	ホテル	低層集合住宅1A	低層集合住宅1B	集合住宅2A板状	集合住宅2B塔状+低層
タイプ	一般SC	ライフスタイルセンター	両側コア	分散コア	片側コア	ビジネス	シティ	CLTパネル	CLTパネル	板状	塔状+低層
比率 柱	0.29	0	0.50	0.5	0.5	0.00	0.00	0	0	0.10	0.13
比率 壁	0.00	1	0.00	0	0	0.60	0.77	0.5	0.5	0.00	0.23
比率 床	0.00	0	0.00	0	0	0.40	0.23	0.5	0.5	0.56	0.55
比率 梁	0.39	0	0.50	0.5	0.5	0.00	0.00	0	0	0.34	0.09

資料：建築設計支援ソフト Archicad による算定結果

表1-3　Woodcity全体の木材使用量-2（作成：河崎泰丁）

建物	H	H	H	I	I	J	B	K	K	L	M	M	
施設	集合住宅複合A型	集合住宅複合B型	集合住宅複合C型	集合住宅3A中庭型	集合住宅3B塔状	企業研究施設A	企業研究施設B	公設研究施設A	公設研究施設B	役所エネルギー複合施設	小学校	中学校	
規模	130戸＋店舗	118戸＋店舗	120戸＋店舗	236戸	114戸	156人	340人	130人	385人	600人	600人	600人	
	2棟	2棟	2棟	200戸の1/2	住宅	2棟	5			地下含5	3クラス/学年	6クラス/学年	
	図示	図示	図示	図示		2	1			1			
	図示	図示	図示	図示		1							
地下階	地下P	地下P											
階	6F	5F	6F	5F	6～8F	3F	6F	5F	4F	5F+B1	2F	3F	総延床面積
容対延床面積	14,559	12,998	13,300	22,412	12,780	4,690	13,839	3,680	9,884	11,463	6,000	8,300	238,799
法定延床面積	21,218	19,331	18,620	12,780	12,780	589		800	2,900				
建築面積													敷地面積
敷地面積	7,120	6,500	6,700	12,000	11,300	4,340	7,730	2,340	7,780	11,000	19,800	20,800	206,310
容積率	204.5	200.0	198.5	186.8	113.1	108.1	179.0						CLT使用量
許容容積率	200	200	200	200	200	200	200	200	200	200	100	100	28,869.91
構造形式	RC+CLT	RC+CLT	RC+CLT	RC+CLT	RC+CLT+集成材	RC+CLT	RC+CLT+集成材			RC+CLT+集成材			
耐火・準耐火	耐火	耐火	耐火	耐火	耐火	準耐火	耐火			耐火			全体木材使用量
木材使用量合計	4,405.00	3,135.00	2,790.00	5,576.00	1,884.18	299.28	668.93	257.60	691.88	661.59	1,200.00	1,660.00	39,588.31
木材柱	0.00	0.00	0.00	0.00	491.34	103.44	215.93	128.80	345.94	260.33	480.00	664.00	4,466.52
木材壁CLT	3,351.00	2,509.00	1,199.70	3,658.00	99.24	0.00	0.00	0.00	0.00	0.00	0.00	0.00	16,865.59
木材床CLT	1,054.00	626.00	1,004.40	1,918.00	1,293.60	0.00	0.00	0.00	0.00	0.00	0.00	0.00	12,004.32
木材梁	0.00	0.00	0.00	0.00	0.00	195.84	453.00	128.80	345.94	401.26	720.00	996.00	5,440.03
歩掛	0.21	0.16	0.15	0.25	0.15	0.06	0.05	0.07	0.07	0.06	0.20	0.20	0.17

タイプ	複合	複合	複合	中庭型	YKKタイプ	片側コア	片側コア	片側コア	片側コア	木三学	木三学
		住戸数	複合 1,236	中庭型 0.00		研究所	片側コア 1,106		夜間人口	木三学 3,708	
		事務所	2,389	人		役所	600		業務人口	4,090	
比率 柱	0.00	0.00	0.08	0.00	0.26	0.35	0.32	0.5	0.39	0.4	0.4
壁	0.76	0.80	0.43	0.66	0.6	0.00	0.00	0	0.00	0	0
床	0.24	0.20	0.36	0.34	0.68	0.00	0.00	0	0.00	0.6	0
梁	0.00	0.00	0.13	0.00	0	0.65	0.68	0.5	0.61	0.6	0.6

資料：建築設計支援ソフトArchicadによる算定結果

第2章　なぜWoodcityなのか

2.1　都市部で木造建築が増加しつつある背景

2.1.1　世界的な位置付け

　気候変動によると考えられる世界的な災害の多発により，エネルギー利用や温暖化に関する問題意識が高まりを見せている。これにより，低炭素型社会の構築を図り，持続可能な社会づくりを推進することが世界の共通目標となったことから，例えば，建築物においては生活や建設活動に伴って発生するCO_2の排出を抑制することで低炭素化に資する措置が講じられている。こうした中で建築に使う木材・木質材料については，樹木が成長する過程の光合成による炭素蓄積がカーボンニュートラル効果を有していることから，材料製造時の炭素収支において環境優位性があると認識されるようになってきた。脱炭素・温暖化抑制のためには材料の製造加工時のCO_2排出が少なく，炭素貯蔵機能を持つ木材を利用する建築が好ましいとの理解が進んできたと考えることができるだろう。

　このような考えと相まって，近年，欧米を中心に中高層木造の建築が活発化しつつある。また，大型の建造物に関しては1980年代から欧州で木造橋の架設が復活し始めている。例えば，**図2-1**に示すのは1993年にオーストリア・グラーツ近郊に完成した欧州で最大規模（当時）の木造橋である。地元産の欧州カラマツを原材料として近隣の工場で製造した集成材を使って建造したものである。典型的な3ヒンジ・アーチ構造で，類似する形は鉄橋やコンクリート橋でもよく

図2-1　木造橋（オーストリア・グラーツ近郊）（撮影：佐々木康寿）

図2-2　LIGNA Hannover 2011におけるゲッチンゲン大学のブース
（木造斜張橋の模型と教育プログラムの展示）（撮影：佐々木康寿）

見かけることから，当初は材料を木材に置き換えただけと見る向きがあった。しかし，20世紀に入って後，鉄やコンクリートで造っていたこのような構造物を木材を使って実現させたことについては，持続可能な循環型社会を実現しようとする今日，そのこと自体に大きな意味があると受け止められている。

　こうした流れの中で1980年代に欧州の木造・木材・木質材料・森林に関連する分野の実務者や研究者，企業関係者らが中心となって学術・技術・情報の交換を目的とする3か国木造建築会議（Dreiländer Holzbautagung）が，毎年末ドイツ南部のガルミッシュ・パルテンキルヒェンで開催されている。3か国とはドイツ語圏の旧西独・オーストリア・スイスを指している。今日では国際木造建築フォラム（Internationales Holzbau-Forum, IHF）の名称で継続的に同地で開催されている。このような会議に並行する形で木造建築や森林資源・環境に関する国際会議がほぼ2～4年ごとに開催されるようになった。当初はInternational Timber Engineering Conference，ITECあるいはPTECなどの呼称が用いられていたようであるが，現在ではWorld Conference on Timber Engineering，WCTEという名称で呼ばれている。アジアでは東京（1990年），マレーシア（2002年），宮崎（2008年），ソウル（2018年）にて開催されており，都市の木造木質化が期待されている都市，あるいは欧米・環太平洋地域で都市木造をリードしている都市などで開催されている。また，これらの分野に関連する見本市・展示会が世界中で開催されている。その中でドイツメッセが主催するLIGNA Hannover（リグナ・ハノーファー）は2年毎に開催される世界最大規模の見本市の一つである。ハノーファー市郊外の広大なメッセ会場（10.5 ha）に関連する分野の約1,100の企業や各種機関が出展し，数日間の開催期間中に約9万人（海外から4万人以上）が来場する。出展内容は森林から木造建築分野まで，川上から川下までのほぼ全分野を網羅している。施業加工機械・各種測定機器・木造建築関連部材・書籍資料等々の展示実演や情報交換，商談がなされ，大学・研究機関の出展ブースでは**図2-2**のように研究教育の内容紹介から共同研究，進学の相談まで応じている。ビジネス関係の来場者が多いのは当然として，学生や一般の家族連れの来場も多く，メッセの世界観は素直に楽しくて背後にある産業の広がりや夢を提供している。このような学術的検証や実践を伴う会議や見本市の動きは，森林・建築に関する技術や文化の発展を支えると同時に，開催地域および周辺の木造木質化を後押しする上で大きな原動力となっていることは間違いない。

　ところで，我が国では城郭建築が最盛期を迎えていた16～17世紀頃に，ヨーロッパでは時期を同じくするように木造橋の架設が最盛期を迎えていた。その中には特に中央ヨーロッパ地域を中心に今日までオリジナルの姿を残しているものが少なくない。**図2-3**に建造物における耐荷

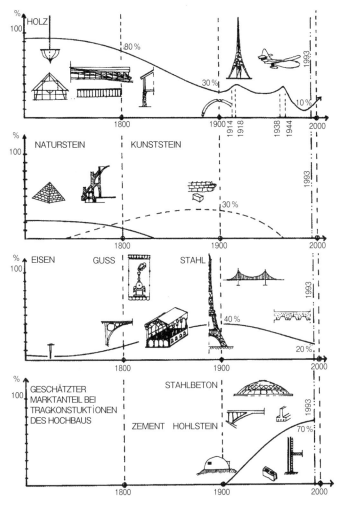

%
100 HOLZ
80%
30%
10%
1800 1900 1914 1918 1938 1944 2000
1993

%
100 NATURSTEIN KUNSTSTEIN
30%
1800 1900 2000
1993

%
100 EISEN GUSS STAHL
40%
20%
1800 1900 2000
1993

%
100 GESCHÄTZTER MARKTANTEIL BEI TRAGKONSTUKTiONEN DES HOCHBAUS
STAHLBETON
ZEMENT HOHLSTEIN
70%
1800 1900 2000
1993

図2-3 建造物における耐荷重構造の推定市場シェア(Winter 1994)
(提供：Prof. Wolfgang Winter, ウィーン工科大学)

重構造の推定市場シェアの変遷を示すが，この時期，大きなシェアを占めていたのは，図の最上段の木造・木材で，18世紀に入っても全構造の90%程度を占めていたことが窺える。この傾向は産業革命とともに漸減していくが，19世紀初頭においても木造は約80%のシェアを占めている。他は石造（同図の上から2段目）と鉄骨造（同3段目）である。産業革命を迎えて鉄の大量生産時代に入ると木造のシェアは減り続け，20世紀初頭には30%まで落ち込んでいる。代わりにシェアを増やしたのが石造（30%）と鉄骨造（40%）である。さらに20世紀に入ると耐荷重構造におけるシェアは鉄筋コンクリート（最下段）がシェアを伸ばし20世紀末には全体の70%を占めるに至っている。この背景には，力学をはじめとする科学技術の発展と新しく出現した工業材料，そして材料利用にあたっての工学的手法の適用によるところがあったと考えられる。このような流れの中で木造は20世紀前半の二つの大戦でシェアを辛うじて維持したが20世紀の後半には急減し，1990年頃には10%程度にまで落とした。ところが，世紀末以降はシェアを回復し，木造橋や都市木造が復活する傾向にあることが窺える。このような情勢を受け，それまで不利な評価が与えられていた木造に関する法的規制を修正し，木造振興を整備するなど社会的な理解を獲得し始めている。この背景として考えられるのは，木材・木質材料（工業化木材）が持つ材料特性に対する理解に加えて材料供給体制が確立され，設計規準が整備されたこと，また，架設・保守上のメリットや構造特性としてエネルギー吸収能が大きいことなどが理解され始めたことが挙げられる。そして，何よりも同時期に拡がった環境問題に対する社会の意識の高まりなどによるものと考えられる。

1) Winter, W.(1994): Holz ein Baustein des 21. Jahrhunderts. *Bauen mit Holz* 96(4): 274-280.

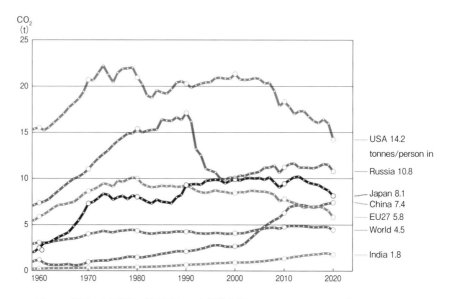

図2-4　国民一人当たりの化石起源CO₂年間排出量(Friedlingstein *et al.* 2021)

2.1.2　戦後の森林資源と木材利用をめぐる国内情勢

　第2次大戦の無条件降伏より始まった我が国の20世紀後半は，軍事的拡張を放棄するも戦後の復興と経済的繁栄を求めて前進する歴史であった。19世紀末以来の我が国の近代化において枢要な位置付けの一つであった工業生産力の増強は，戦後においても引き続き時代の要請を担い，社会的基盤の整備などを通じてこの国の発展に多大な貢献をなし，社会の要請に対して期待以上に応え我々の生活を支えてくれた[2]。戦後のこの時期，例えば東京オリンピックの開催や，それにあわせた東海道新幹線，名神高速道路のような社会基盤の整備に当たって，その必要性に疑問を投げかけるような世論があっただろうか。「オリンピック」や「夢の超特急・高速道路」など国民的な夢を背景に，当時の社会的意識を遥かに上回る国家的プロジェクトは敢行され，国全体が希望に満ち溢れる昂揚の中，敗戦から20年で国際社会に復帰した。この時期を境にして，後述するように我が国の国民一人当たりのCO₂排出量は早くも世界水準を上回り，以後60年間，米・ソ（露）・EUと共に全世界でトップクラスに位置付けている（**図2-4**）[3]。

　このように戦後の復興を果たし，国際社会における先進国の一員としての地位を築いた現在，我が国の国土には緑豊かな森林を目にすることができる。その約半分の面積を占めているのは大戦後の拡大造林政策によって植林されたスギ・ヒノキの人工林の緑である。後述するように，戦後復興の中で森林面積を減少させることなく維持したことは特異的なことである（**図2-8**）。

　我が国の森林の変遷を概観すると，森林（里山）の荒廃は古代都市の成立とともに始まっており，戦国期から江戸期にかけての人口増加により森林の荒廃が全国的に進行し，江戸時代は「山地荒廃の時代」，明治中期は「歴史上最も荒廃していた時期」と言われている。この時期の風景を示す浮世絵（**図2-5**）や**図2-6**[4]をみると，今日とは大きく異なる風景がみてとれ，天皇，幕府，そ

2）土木学会環境負荷低減型土木構造計画および施工法の基礎調査研究委員会（2001）：2001年度制定環境負荷低減型土木構造物設計ガイドライン．（社）土木学会，丸善．

3）Friedlingstein *et al.*（2021）; Global Carbon Budget 2021.

図2-5 歌川広重：東海道五十三次（日坂）（国立国会図書館デジタルコレクション）

図2-6 明治期（1900年頃）の岡山県の山地（全国林業改良普及協会 2009）

して諸藩が所有した奥山資源を除けば禿山状態ともいうべき様子である。世界的な傾向として，戦争状態に陥ると資材としての木材の需要が高まるため，20世紀の二つの大戦期においては**図2-3**のように木材需要が急増している。戦後の復興期や高度経済成長勃興期にあっては資材が不足していたため木材需要が拡大し，過伐傾向であったため，天然林の伐採や里山の奥山化が進行し，上述の拡大造林政策がとられた。この時期，木材価格も高かったため将来の収益を期待した山主は積極的に植林を行い，また，復員・引き揚げ者には職を提供する機会にもなったであろう。このような流れとともに，1950年代には**表2-1**に示すような都市の不燃化に関する国産木材の利用抑制策が決議されている。こうした背景のなか，建築・生活様式の変遷などのもとで進行した木材需要の縮小とともに，1964年の貿易自由化の影響によって輸入木材が増加した。さらに，この時期のエネルギーシフトやプラスチックなどの石油加工材料・金属材料等による，これまで

---

4) 全国林業改良普及協会編（2009）：全国植樹祭60周年記念写真集．国土緑化推進機構．

表2-1　戦後の木材利用をめぐる社会情勢（作成：佐々木康寿）

	戦後，復興のため過伐傾向⇒ 木材需要拡大（建築資材・パルプ用材の確保）
1950	拡大造林（新植，人工林への林種転換）
	1950 衆議院「都市建築物の不燃化の促進に関する決議」⇒ 官公庁建築物の不燃化（※同国会で建築基準法制定）
	1951 閣議決定「木材需給対策」⇒ 都市建築物等の耐火構造化，木材消費の抑制，未開発森林の開発，森林法制定
	1955 閣議決定「木材資源利用合理化方策」⇒ 国・地方公共団体が率先垂範して建築物の不燃化を促進，
	木材消費の抑制，森林資源開発の推進
1960	1959 日本建築学会「建築防災に関する決議」⇒ 防火，耐風水害のための木造禁止
	1964 木材輸入自由化⇒ 国産材圧迫，石油・ガスへのエネルギーシフト⇒ 薪炭材の需要減少⇒ 木材の種類単一化
	プラスチックや金属材料等木材代替製品の台頭⇒ 木材需要の減少
1970	都市への人口流出⇒ 人件費の上昇，放置された森林の増加⇒ 森林の荒廃
	1973・1978 オイルショック⇒ 経済悪化，木材価格上昇，高度経済成長期の環境悪化⇒ 木材に対する要請の変化（環境保護）
1980	1985 プラザ合意
	1985〜95 ウルグアイラウンド⇒ 外材のシェア拡大⇒ 国産材の需要減少
	1987 建築基準法改正，大断面構造用集成材のJAS規定制定⇒ 木造建築の見直し（木造建築増加傾向へ転換）
1990	1992 ウッドショック⇒ 米西海岸の環境問題を端緒とする米材価格の高騰
	1995 阪神・淡路大震災⇒ 木造建築物に対する不安の増大
	1995 電力自由化
2000	1997 COP3 京都議定書：CO_2排出削減
	2000 品確法
	2004 新潟県中越地震
	2005 京都議定書発効，日本削減率−6％（うち森林吸収−3.9％）
	2006 ウッドショック⇒ インドネシア森林伐採制限による木材価格高騰
	2007 建築基準法改正⇒ 建築物の安全性の強化
2010	伐期（60年生）の人工林の蓄積量300m³／ha
	2010「公共建築物等における木材の利用の促進に関する法律」
	⇒ 低層の公共建築物においては原則として全て木造化を図る
	2011 東日本大震災
2020	2016 熊本地震
	2021 ウッドショック⇒ 米新設住宅着工戸数急増・海上輸送混乱による木材価格高騰
	「脱炭素社会の実現に資する等のための建築物等における木材の利用の促進に関する法律」（改正）

の木材製品の代替による木材需要の減少は社会構造の変質によって，放置森林の増加や森林の荒廃，そして国内林業の衰退を招く結果となり，その後遺症は今日でも癒える気配が見出せない。**表2-1**に示すように，このような背景が20世紀後半の国内林業，木材利用，木造建築分野に与えた影響は計り知れず，伝統的木造文化を誇れるはずの我が国にとっては，これらの分野に関連する教育・研究・技術が停滞した残念な時代であったと考えられる。

　戦後の木材自給量と自給率に目を向けると，**図2-7**に示すように1955年時点では国産材自給率は90％を超えていたのが，上述の国産木材の利用抑制策を反映して以降，国産材の利用が減り，自給率も急減した。都市部の学校や公共建築物などの中大規模建築物は木造からコンクリート造に，木製窓枠は鉄製に，そして戸建て木造住宅はベイツガ材に代表される輸入木材に置き換わった。この時期，例えばコンクリートと鉄製窓枠からなる中層集合住宅に憧れをもった国民は多くいたであろう。**図2-7**に示すように2000年頃には自給率が20％を割り込んだが，2014年頃から30％を超えるようになり，近年では40％近くまで回復している。ただし，これは国産木材の供給が増えているわけではなく，輸入木材を含めた木材の供給量そのものが減っているからである。[5]

5）林野庁：「令和2年度森林及び林業の動向」．

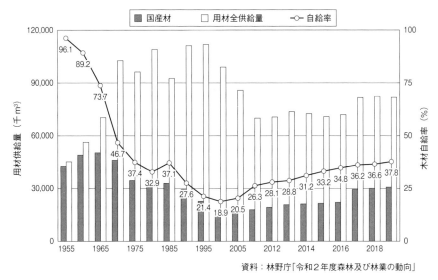

資料：林野庁「令和2年度森林及び林業の動向」

図 2-7　木材需給と自給率（作成：佐々木康寿）

　このような時期，我が国の都市部での繁栄の陰で静かに進行していたのが，国産木材の価格低迷による収益の悪化とこれによる森林所有者の育林意欲の減退，そして林業就労者の減少と高齢化などに伴う木材生産活動の低迷・停止による林業の衰退である。その結果，拡大造林政策により植林が進んだ森林は梯子を外され，その後の十分な手入れがなされないまま蓄積量の増加と荒廃が進行し，これに伴う生態系の変化・崩壊も深刻化し，現在も続いている。荒廃した森林は，近年の土砂災害を引き起こす一因とも考えられており公益的機能を発揮できないでいる。その一方で造林木の樹齢は 60 〜 70 年となって大径化し，成熟期（伐期）を迎えた現在，潜在的な木材供給能力はかつてないほど充実している。戦後 80 年を迎えようとする現在，外見上は体格の良くなった森林資源の用途と社会情勢のマッチングを考え直すべき時期に差し掛かっていると考えられる。我が国の森林資源は，現在の木材総需要量（8,191 万 m³）の 62 ％を占める輸入材に頼らないで済むほどの十分な蓄積量を有するに至っており，フィンランド・ドイツ・オーストリアよりも我が国の蓄積量はかなり多い。問題は，我が国の木材（素材・製材）生産量が少なく，生産効率が低いことである。[5]

　かつてないほどに成熟した森林資源をどのように活かしていくのか，特に地下資源に乏しい我が国にとって，このような地上資源を活用する森林・林業・林産業の活性化は重要な課題のはずである。豊富な森林資源を収穫し材料として利用することが，林業・山村地域の活性化に貢献し，林業の生産活動を通じて行われる植栽，保育，間伐等の森林整備が森林の持続性を保証する上で重要である。

　一方，敗戦後の半世紀以上にわたって海外に依存してきた石炭，石油，天然ガスなど化石エネルギー資源の大量消費のもとで「経済的発展」と「物質的富」を享受し続けてきた我々の生活は，多くの弊害が際立つようになっている。温暖化，気候変動をはじめとする地球環境問題が深刻化し，意識しないうちに災害の多発というかたちで我々は自然からの反動を受けている。例えば，コンクリート・鉄で覆い固めた都市は，その蓄熱効果により夏期には猛烈なヒートアイランド現象を引き起こしている。このようなことの積み重ねが異常気象の一因となっていることを否定す

ることはできないだろう。度重なる各種の事故や災害の経験から国土と環境の保全に対する社会の関心も加速度的に高まっている。このような危機意識のもと，環境との共生を可能にする社会的仕組みが求められ，持続可能な循環型社会への移行が切望されている。先進国の多くで産業としての林業が成立し，国を支えている様子をみれば，資源の蓄積が充実してきたにもかかわらず，林業など第1次産業が衰退している我が国の状況は立て直す必要がある。造林・育林・木材生産コストを反映した原価形成ができない木材価格の設定では産業は成立しない。

2.1.3　我が国の森林資源の現状

　我が国の国土面積は約3,800万haで，そのうちの約2,500万haを森林が占めており，森林率は約66％である。森林率が約74％のフィンランドや約66％のスウェーデンとともに森林に恵まれた国土を有している。また，**図2-8**に我が国の森林資源量の推移（1966年以降）を示すが，この図からわかるように全森林面積の約40％（1,000万ha）を人工林が占めており，その多くが先述した拡大造林政策によって造成されたものである。拡大造林は1970年頃まで盛んに行われていたが，それ以後，新植は減少傾向を辿り，最近ではほとんど行われていない。また，再造林も長引く林業不況の中で低下している。このようなことから，**図2-9**に我が国の人工林の林齢分布を示すと，2017年現在のその構成は一見整った正規分布状を示しているが，若齢人工林が少ないという課題を抱えている。図の左方には別の棒グラフが見えるが，これは1966年当時の林齢分布で，この分布が約50年を経て右に移動した様子が，2017年現在の林齢分布である。このことは，新植が極めて低迷な今日の状況にあっては，約50年後には収穫可能な人工林が減少し，我が国の人工林資源の循環性・持続性は維持できなくなる可能性を示唆している。

　一方，**図2-8**に示すように我が国の森林面積は1951年から2017年に至るまでの半世紀の間，約2,500万haで変化していない。すなわち，図中の折線の人工林と天然林の森林面積合計は約2,500万haで変化していないということである。人工林の面積についても1980年代以降，拡大造林が終わってからはほぼ一定である。しかし，面積ではなく蓄積量に着目するなら，樹木は毎年着実に成長しているので，**図2-8**に示すように1960年頃に約20億m^3であった森林蓄積量は，現在では2倍以上の52.4億m^3まで増加している。これはほぼ人工林の成長による蓄積増加の効果である。すなわち，人工林蓄積が1960年には5億m^3であったものが，2017年では6倍以上の33.1億m^3に増加しているわけである。このように人工林の蓄積は増加しているが，木材自給率自体は**図2-7**に示すように1990年以降約20％台で推移しており，中国に次ぐ世界第2位の木材輸入国となっている。近年，国産材の自給率は約40％近くに回復する傾向を示しているが，これは**図2-7**に示すように分母となる国内の木材総供給量が減ったことに起因するもので，国産材の供給量自体は1997年以降2,000〜3,000万m^3前後で推移している。

　このようなことから，我が国の森林資源供給能力は，第2,3章で考察するWoodcityで必要となる木材量や，我が国の森林資源産業の将来を考える上で重要な課題である。そこで，ここでは我が国の森林・林業再生プランが目標に掲げる木材自給率50％について考えてみたい。我が国の森林資源の持続性を維持する上で，木材自給率50％はどのような状態なのか。例えば，伐採量が成長量を上回るという過伐にならないか，資源の供給力を考える必要がある。森林資源が枯渇しないようにするためには伐採量を年成長量以下に制御しなければならない。これに関して

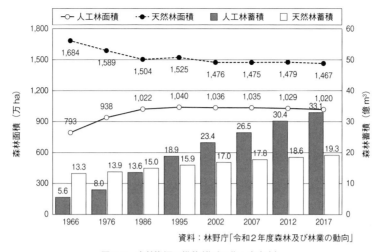

資料：林野庁「令和2年度森林及び林業の動向」

図2-8　森林資源の推移（作成：佐々木康寿）

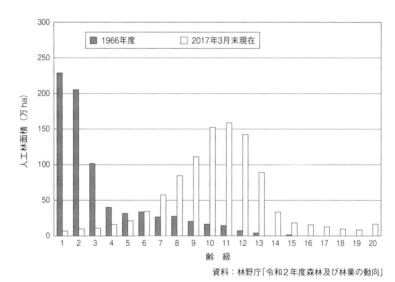

資料：林野庁「令和2年度森林及び林業の動向」

図2-9　人工林の林齢分布（作成：佐々木康寿）

図2-10は，国内森林の年伐採量（棒）と人工林の年間成長量（曲線）を示したものである。同図によれば人工林の年成長量（曲線）は1986年まで増加し，それ以降は約6,000万m³を維持している。一方，年伐採量（棒グラフ）は2002年まで緩やかに減少し，2,000万m³以下の状態が続いているが，施業における高性能機械の導入効果もあり，現在では3,000万m³となっている。図では，1976年以前は伐採量が成長量を上回っているため過伐状態のように見えるが，これは年伐採量の中に天然林も含まれているためと考えられる。2007年の人工林の年成長量は**図2-10**より約6,270万m³と考えられ，同年の木材供給量6,320万m³に近い値と考えられる（**図2-7**）。このことは，数字の上では木材自給率90％（5,690万m³）相当に達する量である。あるいは，今後の木材需要の高まりを想定し，1995年のピーク時の木材供給量1.12億m³をベースに試算すると木材自給率50％は5,600万m³に相当するが，これにも十分対応することができると考えられる。したがって，本書で論じる今後のWoodcityの推進に向けて，現在の木材供給量が倍増した場合を考えても過

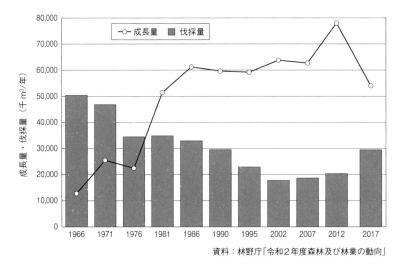

資料：林野庁「令和2年度森林及び林業の動向」

図2-10　森林の年伐採量と人工林の年間成長量(作成：佐々木康寿)

伐になることはないと考えられる[5~9]。

　また，2017年時点の我が国の森林蓄積量(52.4億m³)に対する年間の木材生産量(2,882万m³)の比率は0.55％であり，他国に比べて低位な状況にあることが指摘されている[5]。また，輸入材を含めた全供給量は8,198万m³，このうち自給量は3,099万m³であるので自給率は37.8％程度である。したがって，これを基にして考えるなら自給率50％時の自給量は4,099万m³程度と考えられ，木材生産量は単純計算で3,804万m³程度になると見込まれる。そうした場合の生産比率は0.73％程度まで上がると見込まれるが，このような場合でも，OECD加盟国上位15か国の平均0.81％を下回る。国産木材の生産に対する我が国の森林資源の蓄積は十分余裕があると考えられる。

2.1.4　都市部での木材利用の現状

　都市においては諸課題に対応しつつ都市構造を再構築するために，都市の諸機能を再編・再配置し，安心・安全で魅力的な都市空間を維持・創出することが求められている。例えば，大都市の都心部では良好な都市基盤が整備されているにも関わらず，地域が抱える様々な理由により空洞化の進んでいるところが多く見られる。こうした地域では人々が住み，働き，集い，遊び，憩う魅力的な地域として再生させようとする取組が始まっている[6~9]。このような課題を抱える都市部の建物をみると，**表2-1**(p. 38)に示すような1950年代の木材の利用抑制策も影響したと考えられるが，木造が著しく衰退している。我が国では国産材利用の約80％は住宅建築用であるため[9]，戸建木造住宅の着工件数の減少は木材需要の低下につながる。景気の低迷や少子化とともに住宅

6) Sasaki, Y.(2013): The Case for Increased Wood Utilization in Urban Design toward Revitalization of Japan's Forest and Forestry. Proceedings of the International Conference on Sustainable Construction Materials & Technologies, SCMT3-e574, Kyoto, Japan, 18-21.

7) 佐々木康寿ほか5名(2014)：森と街の再生をめざす臨床環境学――都市の木質化を通じた連携構築――．渡邊誠一郎ほか2名編『臨床環境学』所収，名古屋大学出版会，pp. 146-167.

8) 山田容三(2021)：SDGs時代の森林管理の理念と技術――森林と人間の共生の道へ――．昭和堂.

9) 佐々木康寿，山崎真理子(2017)：都市の木質化プロジェクト――森林と都市の持続的調和をめざして――．不動産研究 59(2)：11-22.

の着工戸数は減少傾向にあり，昭和40年以前は70％以上であった住宅の木造率が平成に入ると40％台に減少したが，近年では60％近くになっている。鉄筋コンクリート(RC)造や鋼(S)構造に比べると，木造は耐火・防火性能の確保が難しく，腐朽など耐久性の問題も生じ易いというイメージが浸透しているが，建築基準法を満たしている建物はRC造やS造であるかにかかわらず同列で，RC造であれば火災が起きないわけではない。都市部に建設される建物には様々な用途があり，すべての建物が一律にこれらの性能を要するわけではないと考えられる。例えばスプリンクラーや吸音材を多用することで都市部でも延焼・漏音などの周囲への迷惑を防ぐことができるなら，耐火性能が多少劣っていても，あるいはメンテナンスを要する材料であっても，このような材料が使える余地があるかも知れない。見方を変えれば，自然が少ない都市部においては，木材などの自然素材の利用がふさわしい場面があると考えられる[6~9]。

　我が国では，戦後の都市計画における耐火性に優れた建築物への要請が強まるとともに，戦後復興期の大量伐採による森林資源の枯渇や国土の荒廃が懸念されたことから，先述の**表2-1**で示したように，国の方針として建築物の非木造化を進め，公共建築物なども木材の利用が抑制されていた。このため，現在も公共建築物をはじめとして木材の利用は進んでいるとは言い難い状況である。一方，公共建築物はモニュメンタルな雰囲気を持つインパクトのあるものが多いため，この種の建築物の木造木質化が進むなら，森林や木材を利用することの重要性や木造の環境効果などに対する理解の広がりなど波及効果が期待される。このような状況を踏まえて，平成22(2010)年10月に「公共建築物等における木材の利用の促進に関する法律（平成22年法律第36号）」が施行された。同法では，国が「公共建築物における木材の利用の促進に関する基本方針」を策定して，木材の利用を進める方向性を明確化するとともに，地方公共団体や民間事業者等に対して，国の方針に即した取組みを促している。

　しかしながら，国産材の需要拡大については依然として厳しい状況がある。主な需要先は現状では国内の住宅市場であるが，前述の通り人口減に伴い市場の縮小が予測されている。すなわち，住宅取得における主たる年齢層である30〜40歳代の世帯数の減少や，住宅ストックの充実と中古住宅の流通促進施策の進展などにより，今後，我が国の新設住宅着工戸数は減少する可能性がある。2030年には新設住宅着工戸数は60万戸程度に減少するとの試算もある[10]。このようなことから，国内林業と森林整備を下支えするために，木造率が低く潜在的な需要が期待できる中高層集合住宅のほか，公共建築物，オフィスビルや商業施設等の非住宅分野を木造木質化することにより，木材需要を創出し拡大することを考える必要があるだろう。

　図2-11は新築建物の木造率と木材使用量に関する5年間(2013〜2017年)の平均値を示している。これによると，我が国の新築建物の着工床面積は114,371千m^2，そのうち木造住宅(3階建て以下)は50,681千m^2(44.3％)で，4階建て以上は4千m^2(0.003％)で極めて少ない。さらに，木造の非住宅(3階建て以下)は3,153千m^2(2.75％)，4階建て以上では3千m^2(0.003％)で，これも極めて少ない。このように，木造建物では3階建て以上および非住宅に占める割合が極めて少ないことがわかる。木造の建物規模の現状は3階建以下の住宅に集中しているということであり，このような数値的実態は，上述の内容を反映している。

---

10)　安藤範親(2018)：非木造建築物の市場規模から木材の潜在市場を探る．農林金融 71(9)：514-529.

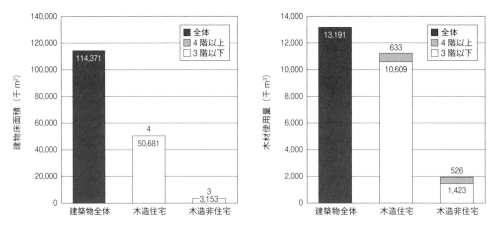

資料：林野庁「令和2年度森林及び林業の動向」，農林金融2018

図2-11　新築建物の木造率と木材使用量（2013〜2017年の平均値）（作成：佐々木康寿）

さらに，同図より木材の使用量をみると，新築建物全体の木材使用量は13,191千m³，そのうち木造の住宅（3階建て以下）では10,609千m³（80.4%）で，圧倒的な木材使用率である。また，4階建て以上の木造住宅では633千m³（4.80%）である。一方，非住宅木造では3階建て以下では1,423千m³（10.8%），4階建て以上の場合，526千m³（4.0%）である。

以上のように，木造の現状は3階建て以下に，しかも住宅に集中しており，非住宅分野における木造率および木材使用量が極端に少ないことが明らかである。このことは，4階建て以上あるいは非住宅分野の建築物には木造木質化が好ましくないという暗黙の意識が刷り込まれた結果である可能性があり，ここにも表2-1で示す1950年代の施策の影響を見ることができる。上述のように，これまで木材需要の大半を占めていた低層住宅分野の需要が減退していく状況の中で「都市の木造木質化」と「林業・木材産業の成長産業化」を実現していくためには，中高層分野および非住宅分野の木造木質化とこれらを面的に広げるWoodcity化を進め，新たな木材需要を開拓することが重要項目の一つとなるであろう。

2.1.5　Woodcityの意義

近年，中・大規模木造建築に関連する法令見直しの進行を背景として木造の庁舎，共同住宅や事務所ビルなどが実現している。2000年の改正建築基準法の施工や2010年10月の公共建築物等の木材の利用の促進に関する法律の施行，2015年6月の大規模木造建築関連の法令の改正などがこのような実現を後押ししている。このように，関連法令を見直して，都市部において中・大規模木造建築を推進しようとするのはなぜなのか。上述したように豊富な森林資源を建築に利用することで，我が国の森林を健全な状態に再生することにつなげようとする狙いがあると同時に，第2.1.1項で述べたように温暖化抑制に貢献することが期待されているからであろう。

そこで，我々がこれまでどれほどのCO₂を排出してきたのか，今日的な状況を共有しておきたい。1960年当初の排出量は全世界で10Gt-CO₂弱であったといわれ，以降は時間に比例するように増え続けた。[11] その後の二度の石油危機，旧ソ連の崩壊，世界金融危機，そしてCOVID-19

11）前掲3).

…のすべて 【改訂増補】

「人工乾燥」は、今や木材加工工程の中で、欠くことのできない基礎技術である。本書は、図267、表243、写真62、315樹種の乾燥スケジュール という圧倒的ともいえる豊富な資料で「木材乾燥技術のすべて」を詳述する。増補19頁。
〔ISBN978-4-86099-210-1／A5判・737頁・定価10,465円〕

…りの事典
…地 8名共編 ◎電子版あり

日本のシロアリ研究における最新の成果を紹介。野外での調査方法から、生理・生態に関する最新の知見、建物の防除対策、セルラーゼの産業利用、食料としての利用、教育教材としての利用など、多岐にわたる項目を掲載。
〔ISBN978-4-86099-260-6／A5判・472頁・定価4,620円〕

…業植林とその利用
…林・松村・村田 編 ◎電子版あり

近年、アカシアやユーカリなどの早生樹が東南アジアなどで活発に植栽されている。本書は早生樹の木材生産から加工・製品に至るまで、パルプ、エネルギー、建材利用などの広範囲にわたる視点から論述。
〔ISBN978-4-86099-267-5／A5判・259頁・定価3,740円〕

…の塗装
…研究会 編 ◎電子版あり

日本を代表する木材塗装の研究会による、基礎から応用・実務までを解説した書。会では毎年6月に入門講座、11月にゼミナールを企画、開催している。改訂版では、政令や建築工事標準仕様書等の改正に関連する部分について書き改めた。
〔ISBN978-4-86099-268-2／A5判・297頁・定価3,850円〕

…着の科学
…回） 作野友康ほか 編 ◎電子版あり

木質材料と接着剤について、基礎からVOC放散基準などの環境・健康問題、廃材処理・再資源化についても解説。執筆は産、官、学の各界で活躍中の専門家による。特に産業界にあっては企業現場に精通した方々に執筆を依頼した。
〔ISBN978-4-86099-206-4／A5判・211頁・定価2,640円〕

…文データベース 1955-2004
…木材学会 編 ◎CDブック版

木材学会誌に掲載された1955年から2004年までの50年間の全和文論文（5,515本、35,414頁）をPDF化して収録。題名・著者名・要旨等を対象にした高機能検索で、目的の論文を瞬時に閲覧することができる。
〔ISBN978-4-86099-905-6／CD4枚・定価29,334円〕

…源の管理と活用
…刊行会 編／古川・日置・山本監 ◎電子版あり

地球温暖化問題が顕在化した今日、森林のもつ公益的機能への期待が大きくなっている。鳥取大広葉樹研究会の研究成果を中心にして、地域から地球レベルで環境・資源問題を考察し、適切な森林保全・管理・活用について論述する。
〔特装版 4,762円〕〔ISBN978-4-86099-258-3 A5判・242頁・定価3,080円〕

…構 造 力 学
…村冨男 著 ◎CROM付

材料力学の初歩、トラス・ラーメン・半剛節骨組の構造解析、およびExcelによる計算機プログラミングを解説。また、本文中で用いた計算例の構造解析プログラム（マクロ）は、実行・改変できる形式で添付のCDに収録した。
〔ISBN978-4-86099-243-9／B5判・315頁・定価4,040円〕

…基 礎 科 学
…技術協会 関西支部 編

木材に関連する基礎的な科学として最も重要と考えられる樹木の成長、木材の組織構造、物理的な性質などを専門家によって基礎から応用まで分かりやすく解説した初学者向きテキスト。
〔ISBN978-4-906165-46-9 A5判・156頁・定価2,030円〕

…教 育
…井上真理子 編著 ◎電子版あり

森林教育をかたちづくる、森林資源・自然環境・ふれあい・地域文化といった教育の内容と、それらに必要な要素（森林、学習者、ソフト、指導者）についての基礎的な理論から、実践の活動やノウハウまで幅広く紹介。カラー口絵16頁付。
〔ISBN978-4-86099-285-9／A5判・256頁・定価2,343円〕

…のすすめ
…晃功・原 知子 著 ◎電子版あり

「木育」は「食育」とともに、林野庁の「木づかい運動」、新事業「木育」、また日本木材学会円卓会議の「木づかいのススメ」の提言のように国民運動として大きく広がっている。さまざまなシーンで「木育」を実践する著者が展望を語る。
〔ISBN978-4-86099-238-5／四六判・142頁・定価1,540円〕

…木のおもしろ実験
…中・山下・番匠谷 編

イラストで木のものづくりと木の科学をわかりやすく解説。木工の技や木の性質を手軽な実習・実験で楽しめるように編集。循環型社会の構築に欠くことのできない資源でもある「木」を体験的に学ぶことができます。木工体験のできる104施設も紹介。
〔ISBN978-4-86099-205-7 A5判・107頁・定価1,760円〕

…なんの木
…佐伯 浩 著 ◎電子版あり

生活する人と森とのつながりを鮮やかな口絵と詳細な解説で紹介。住まいの内装や家具など生活の中で接する木、公園や近郊の身近な樹から約110種を選び、その科学的認識と特徴を明らかにする。木を知るためのハンドブック。
〔ISBN978-4-906165-51-3 四六判・132頁・定価1,709円〕

木育絵本シリーズ ロボ木ー（き）

全3巻シリーズ完結!!

①巻*	〔絵本版〕	〔ISBN978-4-86099-310-8／定価1,385円〕
	〔紙しばい版〕	〔ISBN978-4-86099-806-5／定価2,200円〕
②巻	〔絵本版〕	〔ISBN978-4-86099-311-5／定価1,385円〕
	〔紙しばい版〕	〔ISBN978-4-86099-816-5／定価2,420円〕
③巻	〔絵本版〕	〔ISBN978-4-86099-312-2／定価1,385円〕
	〔紙しばい版〕	〔ISBN978-4-86099-826-4／定価2,420円〕

絵本版：B5判、32頁、紙芝居：B4変形(26.5×38.2 cm)、9場面
*PDF版(日・英・仏・中・韓の朗読音声入1,901円) eStoreで販売中
山下晃功(監修)・横山眞(文)・たかみねみきこ(絵)

ヒノキのロボット「ロボ木ー」と共に木材と環境について学ぶ

①…と森
…ロボ木ーは空を飛び森へ。…、さわやかな森の空気に…不思議さを学びます。

② ロボ木ーと木
子どもたちが年輪のメダルで森にワープ。森にある丸い樹がどうやって四角い木材に変身するかを解き明かします。

③ ロボ木ーと地球
宇宙から帰ったロボ木ーと子どもたちは地球温暖化防止のために、森の木を育てて木材を使うことの大切さを知ります。

出版目録 2024年12月
自然科学・農理工

↑海青社HPへ アクセス！

● 小社の新刊は、「UP」誌、本の検索サイト「Books.or.jp」および「小社ホームページ」上にて、ご案内いたします。
● お近くの書店にご注文ください。　● 表示の価格は10％消費税込です。
● 直接ご注文される場合は、送料300円（1回のご注文につき、何冊でも可）を申し受けます。
● 海青社ニュース（新刊案内）会員は、1500円以上ご注文の場合は送料が無料になります。

図書出版 海青社
〒520-0026 滋賀県大津市桜野町1-20-21
Tel. (077)577-2677　Fax. (077)577-2688
e-mail=biwako@kaiseisha-press.ne.jp
URL=https://www.kaiseisha-press.ne.jp/

Kaiseisha Press / Lakeside BIWAKO

NEW 草地と気候変動
波多野隆介・森 昭憲 編著 ◎電子版近刊

陸域面積の約四分の一を占める草地生態系について、土壌学、草地学、生態学、環境学の研究者が協力し、その生産性、物質循環、生物多様性の基礎と気候変動との相互作用および、草地生産量の維持・向上への対策を述べた。
〔ISBN978-4-86099-401-3／A5判・238頁・定価3,850円〕

NEW 自然とともに生きる 森林教育学
井上真理子・杉浦克明 編 ◎電子版あり

森林教育は21世紀に入って研究が広がってきた新しい学問である。本書では、森林教育学の理論と実践事例、研究成果をわかりやすく解説。森林教育は、森林との関わりをきっかけに、持続的な社会の構築へのとびらを開く。
〔ISBN978-4-86099-414-3／A5判・376頁・定価4,290円〕

NEW 木 質 の 形 成 第3版
福島・船田・杉山・高部・梅澤・山本 編 ◎電子版あり

待望の第3版。2011年改訂の第2版に新進気鋭の執筆者を加え140頁増補。木材の構造と形成・セルロース・ヘミセルロース・リグニン・抽出成分・木材物理について、最新情報を盛り込み全面改訂した木材学研究者必携の書。
〔ISBN978-4-86099-374-0／A5判・728頁・定価7,150円〕

NEW Woodcity 都市の木造木質化でつくる持続可能な社会
佐々木康寿・Woodcity研究会 編 ◎電子版あり

都市と森林が抱える諸問題の解決を目指して、都市環境、木造建築、森林資源、木材利用など多様な分野の専門家が提案する木造木質化都市Woodcity。その環境効果や資源・材料の需給体制、人材育成、まちづくりなどを考察。
〔ISBN978-4-86099-419-8／A5判・168頁・定価3,520円〕

NEW 親子で探究ものづくり
ものづくり協力会議 編

ものづくりは"ものや人"に関わる能力を育む可能性を秘めています。それは人間が自然や社会の中で主体的に生きるための大切な能力です。親子でものづくりに挑戦し、好奇心や探究心をわき起こし、新たな能力を手にして下さい。
〔ISBN978-4-86099-397-9／B5判・87頁・定価1,430円〕

NEW 木 材 学 ─基礎編・応用編
日本木材学会 編 ◎電子版あり

「木材学」の決定版テキスト!!

樹木から木材、さらに各種製品への流れにおいて、木材の基本的性質（生物学的、化学的、物理的）がどう生かされ、相互に関連しているのかを理解するために、木材に関する基本的で重要な知見を正確かつ網羅的に説明。

【基礎編】：木質資源と環境影響　木材の概論　木部の形成　木質の基本構造／木材の物理的性質／リグニンおよび木材主要成分の分離／セルロース・ヘミセルロース／紙・セルロースナノファイバー／抽出成分
〔ISBN978-4-86099-405-1／A5判・269頁・定価2,600円〕

【応用編】：木質構造　木質建材　木材と五感／木材乾燥／木材加工／接着／品質管理と非破壊計測／きのこ菌類／生物劣化と耐久性／燃焼性と難燃・不燃
〔ISBN978-4-86099-406-8／A5判・216頁・定価2,600円〕

Anatomical Database and Atlas of Chinese Woods
《中国産木材識別データベース》
伊東隆夫・潘彪・佐野雄三・P.バース 編 ◎電子版あり

ワシントン条約（CITES：絶滅のおそれのある野生動植物の種の国際取引に関する条約）に指定された樹種も含む中国産木材樹種1292種について、植生、光学顕微鏡写真と、木材解剖学的特徴、用途の記載文を掲載。考古学、木質構造学、民族植物学などの分野で利用できます。オンラインDB、e-Book（PDF）、ペーパーバック（白黒）の3形態で刊行。英文版。

● オンラインDB　無期限:27,500円、1-year:7,700円、3-month:3,300円
● e-Book　カラー版・無期限版 / 22,000円　ISBN978-4-86099-198-2
● ペーパーバック　A4判・4分冊 2679頁／定価38,500円　ISBN978-4-86099-196-8

環境を守る森を評価する
原田 洋・井上 智 著 ◎電子版あり

「環境保全林がその地域の自然林を到達目標とし、どれくらい目標に近づいたか評価・診断する」手法を紹介する。『環境を守る森をつくる』『環境を守る森をしらべる』に続くシリーズ完結編。カラー12頁付。
〔ISBN978-4-86099-392-4／四六判・172頁・定価1,760円〕

環境を守る森をしらべる
原田 洋・鈴木伸一・林 寿則・目黒伸一・吉野知明 著 ◎電子版あり

都市部や工場などに人工的に造成された環境保全林が、地域本来の植生状態にどれくらい近づいたかを調べて評価する方法を紹介。環境保全林の作り方を述べた小社刊『環境を守る森をつくる』の続刊。カラー12頁付。
〔ISBN978-4-86099-338-2／四六判・158頁・定価1,760円〕

小社HP 電子書籍販売サイト
先進のオンライン版
・PC、スマホ、タブのブラウザで閲覧可
検索できる電子書籍

eStore 新刊 アマゾンより早い!! 好評・冊子版と同時配信中!!

↑eStoreへ！

● 電子版は、一般読者様向けに、Google Play ブックス、メディカルオンライン イーブックスでも配信中。図書館様・研究機関様向けには、Maruzen eBook Library、Knowledge Worker で配信。

のような世界的経済危機による一時的な排出量の落ち込みはあったものの，2020年には36.4Gt-CO$_2$に達し，この60年間で約4倍に増えた。このようなことが温暖化につながり気候変動などの様々な異常事態を引き起こしているという指摘は，今日ではほぼ間違いないと受け止められている。CO$_2$排出量を国別で考えるなら，2020年現在，中国を筆頭に米国・EU・インド・ロシア・日本の6か国だけで全世界の排出量の66％を占めている。なかでも中国は突出していて経済成長の著しい20世紀末から急増している。一方，欧米諸国はこの20年間抑制傾向にあり，また，我が国はこの30年間ほとんど変化が見られず，上位6か国の中では6番目につけている[11]。ところが，国民一人当たりで考えるなら少し様子が変わる。**図2-4**は[11]，上述の世界上位6か国について最近60年間の排出量の推移を示していて，縦軸は国民一人当たりのCO$_2$排出量，横軸は年代である。我が国は上述のように国別では6番目であったが，国民一人当たりになると3番目となり，中国をも上回る。しかも，1964年以降は前述のように世界平均を上回るようになり1990年以降はEUを上回っている[11]。直近の10年間を見ると米国・日本・EUは排出量を抑制する傾向にあるとはいえインド以外は世界平均を上回っていて地球環境に負荷を与えている。

　これよりCO$_2$排出量は経済活動の活発化とともに増えることが考えられるが，これをGDPあたりのCO$_2$排出量，つまり各国国民が単位生産量をあげるためにどれだけのCO$_2$を排出したかを考えると，近年ではGDPあたりの排出量は世界的に減少しており，効率的な生産構造になってきたと考えられる。1970年代のオイルショック以来，世界的な省エネや環境意識の高まりがCO$_2$排出量に影響を与えたと考えられ，我が国も早くから省エネに取り組みCO$_2$排出量を減らしてきた。にもかかわらず，気候変動に対する脱炭素への取り組みの中で，先進国の一員である責任としてさらなるCO$_2$排出量の削減を迫られている。この上，野心的な削減目標を達成するには何をすれば良いのかというのが我が国の置かれた状況である。その答えの一つが本書のテーマであるWoodcityの実現にあると研究会では考えている。

　では，温暖化抑制のためには木材を利用する建築が好ましいと考えられるようになったのはなぜなのか。都市の木造木質化が「低炭素都市・脱炭素都市・環境都市」などの実現になぜ貢献するのか，簡単に復習しておきたい。これを理解するためには，木材利用や，その典型例である木造建築がコンクリートや鉄でつくる建築に比べてCO$_2$排出の削減やCを貯蔵することのできるメカニズムを知る必要がある。それが植物の光合成機能である。

　地球は46億年の歴史のなかの地球形成過程で，森林は炭素を固定し，樹木が朽ち果てるときに地中に埋め込まれてきた。その後，生物が進化し，人類が出現したが，人類はこれを再び掘り起こし，地上に戻してエネルギー源としたためCO$_2$と廃棄物が蓄積した結果，温暖化を招いたと考えることができる。植物，樹木，またその集合体である森林は光合成機能を備えている。光合成とは，太陽エネルギーを利用して大気中のCO$_2$と根で吸収した水分から有機物を生産し，酸素を地球上の生物に供給する現象のことである。光合成で生産された有機物は木材の細胞組織を形成し，樹木の場合は幹や枝となって炭素Cを長期間，貯蔵する。現在，自然界での光合成を模倣する技術は部分的には確立しているが，完全な人工光合成は実現していない[12,13]。

12)　ITmedia NEWS：「人工光合成」関連の最新 ニュース・レビュー．https://www.itmedia.co.jp/keywords/artificial_photosynthesis.html（閲覧日2023年9月10日）

13)　光化学協会編，井上晴夫監修(2016)：夢の新エネルギー「人工光合成」とは何か．講談社．

図2-12　木材・建築の長期使用と炭素貯蔵（作成：佐々木康寿）

　持続的発展とは将来の可能性を潰すことなく発展することとして捉えられており，私たちの生活を支える材料についても，持続的発展を地球環境との調和の中で考えていく必要がある。このような思考過程の中で「エコロジカル・マテリアル＝エコマテリアル，環境調和材料」という発想が生まれたとされている。エコマテリアルに求められる諸特性としては，①生産・加工に要するエネルギー量が少ない，②生産工程での環境汚染がない，③再資源化が可能である，④使用・解体後の廃材が再利用できる，⑤廃材の最終処理で環境汚染がない，⑥持続的生産が可能であるなどが挙げられている。これらの要件をほぼ満たす可能性を持つのが木材である[14]。なぜなら，**図2-12**は炭素の循環を表現しているが，この図の上方中央部の森林で光合成が行われており，樹木は伐採後に木材・木質材料に形を変えても炭素を固定・貯蔵した状態を続ける。したがって，木材・木質材料を使った土木・建築構造物や家具などはそれらの機能を維持しながら炭素の貯蔵庫としての機能も併せ持っている。また，伐採した跡地に植林すれば，新しく成育を始める樹木が再び二酸化炭素を吸収し始める。使用後の木材・木質材料は，幾度かのリユース・リサイクルを経て最終的には焼却・腐朽などにより大気中に二酸化炭素を放出することになるが，これは元々，森林で樹木であったときに吸収した二酸化炭素を大気中に返すだけのことであるので，環境に負荷を与えることにはならない。

　このことより，大気中の二酸化炭素を増やさないためには樹木を何らかの形で，例えば木造建築などで使い続けることが意味を持つ。**図2-12**で光合成を行なっているのは，上方中央部の森林であった。光合成の重要性は上記のようにCO_2を吸収して酸素を供給することにあるが，木

14）有馬孝禮（1999）：住まいに生きる，エコマテリアル．アイカアイズ（31）：10-13．

材利用や木造建築が意味を持つのは，木材の細胞を構成する有機物に炭素を貯蔵し，木材が朽ち果てるまで貯蔵し続けることにある．そのことを**図2-12**は表していて，時計回りに一周するのに要する時間が長いほど，また，木材をたくさん使うほどCO_2の排出抑制のために好ましいことを示唆している．

2.2 持続可能な社会に向けて

2.2.1 Woodcityの炭素収支と環境効果

前節で述べたように木材利用を促進し，都市の木造木質化を図ることでCO_2排出抑制に対する期待が高まっている．本節では第1章とほぼ同規模の面的広がりをもつ木造木質化都市Woodcityを対象に，アプローチは異なるがWoodcityの仮想建物群の材料使用量や炭素収支を定量的に推定し，非木造に対するCO_2排出抑制・削減効果を数値化することでWoodcityの環境効果の評価を試みる．すなわち，第1章とほぼ規模を同じくする約20 haの面的スケールを想定し，そこにCLT造，RC+CLT混構造，集成材造，純木造などによる，あわせて14の仮想建物群が建ち並ぶ木造木質化都市Woodcityの環境効果を考えようとしている．

建物で使う材料ごとの使用量は設計施工段階の資料より積算把握することができ，これを手掛かりに使用材料の重量，容積や原材料製造時におけるCO_2排出量を推定することができる[15]．第1章では設計支援ツールから材料使用量を積算している．また，これら材料の搬送手段や経路を知ることができれば搬送に係るCO_2排出量を把握することができる[15]．近年の社会的な要請の高まりを受け，建材および建築物のライフサイクルからのGHG（Green House Gas：CO_2をはじめとする温室効果ガス）排出量の定量化に関する重要性が認識され，2010年代からデータの蓄積や定量的評価法に関する研究が進んでいる[15]．こうした中で，木造木質化による建物は，非木造建築と比べて原材料製造時におけるCO_2をはじめとするGHGの排出量が少ないため，Woodcityの環境効果を定量評価することには意味があると考えられる．

本節で想定している約20 haの面的スケール感は第1章で示した通りであり，これを例えば名古屋の都心部に当てはめて考えると**図2-13**のようになる．ここで考えようとしている14の仮想建物の構造や規模は**表2-2**に示すとおりで，現実の都市の規模感とは隔たりがあるが，商業施設・オフィス・集合住宅・ホテル・役所・研究施設・学校など，数千名が活動するイメージである．このようにWoodcityとは複数の木造木質化建物でもって面的に構成する一つの街のことであるが，建物が一定の面的広がりをもつ区域に集中して街を構成する場合や，鉄道沿線など連続する複数の都市に分散するWoodcityも考えられる．いずれも面的に連続・連携するもので，本書ではこれらを合わせてWoodcityと考えている．**表2-2**に示す建物については，建物"D"のみが15階建てであるが，他は5階建て以下の低層を想定している．構造形式は，集成材造，CLT造，木造，およびこれらとRC造との混構造を設定している．例えば，建物"A"は集成材造，"F, H, I"はCLT造を想定した．また，"M, N（学校）"は純木造平屋の想定で，その他の建物はRCとの混構造である．混構造の層構成は**表2-2**に示す通りで，木質とRCの構成はほぼ半々で設定している．

---

15) 渕上佑樹ほか2名（2020）：CLT工法を用いた木造学校建築物の建設におけるGHG排出量の定量化．木材学会誌66（2）：101-111．

図2-13　**Woodcityの面的スケール感**(例：名古屋・久屋大通公園付近の約20 ha, Map data from OpenStreetMap 2023-01-20 17:47:022, Landscape map © Thunderforest, Copyright © 2012–2021 Apple Inc.)

表2-2　**Woodcityの木質混構造仮想建物14棟の規模と構造**(作成：佐々木康寿)

建　物		A	B	C	D	E	F	G
施　設		ショッピングモール	オフィス1	オフィス2	ホテル1	ホテル2	マンション1	マンション2
規　模			800名	1,200名	100室	50室	120戸	150戸
地上層	木質系	5	3	4	3	4	3	4
	RC	0	2	1	12	1	0	1
地下層	RC	0	-2	-2	-3	-2	0	-2
延床面積	m²	30,000	17,000	28,000	9,000	7,000	9,000	20,000
建築面積	m²	5,000	2,500	4,000	500	1,000	3,000	3,000
構造形式		集成材造	RC+CLT	RC+集成材	RC+CLT	RC+集成材	CLT	RC+CLT

建　物		H	I	J	K	L	M	N
施　設		マンション3	マンション4	企業研究施設	公設研究施設	役所・エネルギー・複合施設	小学校	中学校
規　模		200戸	200戸	300名	200名	300名	720名	360名
地上層	木質系	3	3	3	4	2	1	1
	RC	0	0	2	1	3	0	0
地下層	RC	0	0	-2	-2	-2	0	0
延床面積	m²	21,000	21,000	20,000	20,000	20,000	5,000	5,000
建築面積	m²	7,000	7,000	3,000	3,000	3,000	5,000	5,000
構造形式		CLT	CLT	RC+CLT	RC+集成材	RC+CLT	木造	木造

建物"B"はRC+CLTの混構造の設定で，層の構成は地下2層と地上2層がRC造，上層の3層がCLT造という設定である。このような層構成を模式的に示すと**図2-14**のようになる。このような設定のもと，以下では建物毎の炭素収支を推定し，それぞれの建物が非木造である場合と比較

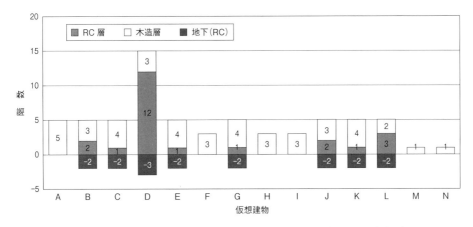

図2-14　Woodcityの木質混構造仮想建物14棟の層構成模式絵(作成：佐々木康寿)

することでWoodcityのCO₂排出削減効果を考察しようとした。

　本節では**表2-2**に示すWoodcityの仮想建物で使用する材料がその製造時に排出するCO₂量の推定を試みるが，以下に，炭素収支等に関する評価の考え方を示す。**表2-3**は推定に必要となる原単位で，これらの原単位(小文字アルファベット)に**表2-2**の建物規模(建築面積)を乗ずることで構法別のCO₂排出量などを推定する方法をとった。この推定方法は極めて簡便的な方法ではあるが精度には欠けるので，読者にはご留意いただきたい。木材利用量やCO₂排出量などの当たりを付け，構法別比較の大まかな目安にはなるのではないかと考えた。

- 木材利用材積(m³): $WU = F_{nw}(d_i) \times A_{nw} + F_w(d_i) \times A_w$
- 森林相当面積(ha): $FA = WU / 320$
- 間伐貢献度(ha): $TEA = $ 利用材積 $/$(森林蓄積×材積間伐率×利用率)
- CO₂排出量(t-CO₂): $CEM = (F_{nw}(a_i) + F_{nw}(b_i) + F_{nw}(c_i)) \times A_{nw} + (F_w(a_i) + F_w(b_i) + F_w(c_i)) \times A_w$
- C貯蔵量(t-C): $CST = WU \times F(e_i) / F(d_i)$,(CO₂換算(ton-CO₂): $CO_2ST = CST \times 44 / 12$)
- 主要材料重量(t): $BMW = WU \times 0.6 + (F_{nw}(b_i) \times A_{nw} + F_w(b_i) \times A_w) / 1.79 + (F_{nw}(c_i) \times A_{nw} + F_w(c_i) \times A_w) / 0.2925$
- F:原単位，A:床面積，nw:非木質構造部，w:木質構造部，$i = 1, 2, 3, 4, 5, 6$(構造形式，**表2-2**参照)

　上記のうち，間伐貢献度とはある容積のスギ・ヒノキ・カラマツ材を利用した場合の間伐に相当する面積を表示するものである。[16]**表2-4**は，**表2-3**の具体的数値で今回の推定で使用した原単位である。これらの数値は，「建設資材・労働力需要実態調査(平成15年度原単位)および平成17年度主要建設資材需要見通しについて」(国交省総合政策局労働資材対策室)よりH15に約2,800事業所で着工した工事から5,142件を抽出整理したものの他に次章の第3.1.1項や当研究会等の各

---

16) 林野庁:木材利用に係る環境貢献度の定量的評価手法について(中間とりまとめ)，平成21年2月

表2-3　建物構造別の炭素収支等に関する計算に必要な原単位（作成：佐々木康寿）

原単位		RC造	S造	SRC造	木造	集成材造	CLT造
CO_2排出量 (kg-CO_2/100㎡)	木材	a1	a2	a3	a4	a5	a6
	スチール	b1	b2	b3	b4	b5	b6
	コンクリート	c1	c2	c3	c4	c5	c6
木材使用量(m³/100㎡)		d1	d2	d3	d4	d5	d6
C貯蔵量(kg-C/100㎡)		e1	e2	e3	e4	e5	e6

表2-4　計算に使用した具体的原単位（作成：佐々木康寿）

原単位		RC造	S造	SRC造	木造	集成材造	CLT造
CO_2排出量 (kg-CO_2/100㎡)	木材	550	225	500	5,500	6,050	6,630
	スチール	25,520	28,380	37,400	2,640	3,080	3,080
	コンクリート	24,030	10,061	23,576	5,462	9,823	9,823
木材使用量(m³/100㎡)		2.2	0.9	2.0	22.0	18.0	30.0
C貯蔵量(kg-C/100㎡)		550	225	500	5,500	4,500	7,500

資料：辻脇(2005)，ウッドマイルズ研究会(2008)

種研究資料を参考にした[17〜22]。また，森林蓄積量については300〜320 m³/haとした。なお，このように原単位に建物規模（建築面積）を乗ずることで構造別のCO_2排出量などを推定しようとする考え方は簡便的なもので，建物の構造や木質材料の種類によって値は当然変動する。また，建設時にかかる材料運搬時のCO_2排出分については含まれていないので，第2.2.4項であらためて考察する。

　図2-15に，推定結果の一例として建物"B"（**表2-2**参照）で使用する主要材料（コンクリート，鋼材，木材）の製造時CO_2排出量とC貯蔵量（CO_2換算）を示す。この建物は前述のように地上5層建で，図の左から右に向かってRC造，S造，SRC造，2種の木質混構造，そして木造，集成材造，CLT造の計8種類の構造を仮定した推定量を示した。2種の木質混構造では，下2層がRC造またはSRC造であると仮定し，上3層をCLT造または木造のように設定した。また，グラフの＋側が排出量，－側が貯蔵量を示している。この図より示唆されることは，1) 8種の構造では3種の木造系および2種の木質混構造（RC+CLT，SRC+木造）のCO_2排出量が少なく，最も多いのはSRC造であること，2) 木質混構造とS造のCO_2排出量は大差ないこと，しかし，S造ではC貯蔵は期待できないこと，3) 木造系の非木造に対するCO_2削減効果は大きく，C貯蔵量も多いこと

17) 辻脇 崇(2005)：建設資材・労働力需要実態調査（平成15年度原単位）および平成17年度主要建設資材需要見通しについて. 建設マネジメント技術(2005年8月号)：60-67.
18) ウッドマイルズ研究会(2008)：建設時における木造住宅の二酸化炭素排出量——木材製造時のCO_2排出量と住宅の工法別CO_2排出量. ウッドマイルズ研究ノート(その18), 1-9.
19) Nakano, K. *et al.* (2020)：Environmental inpacts of cross-laminated timber production in Japan. *Clean Technol. Environ. Policy* 22：2193-2205.
20) 小川敬多，本書第3.1節
21) 古俣寛隆ほか3名(2010)：製材，集成材および合板製造における温室効果ガス排出量の算出とその方法に関する諸課題. 林産試験場報(539号)：1-5.
22) 市岡利之(2020)：構造部材木材利用歩掛. 竹中工務店社内資料.

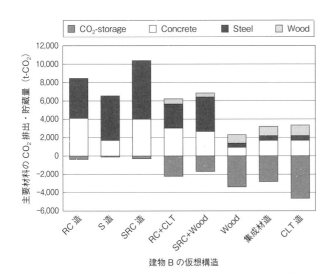

図 2-15　仮想建物 "B" の構造別 CO₂ 排出量と貯蔵量の推定
（作成：佐々木康寿）

資料：表 2-4 と p. 49 の計算結果

建物 B の仮想構造

などから，木造・木質混構造の環境優位性が見て取れる。

　次に，**図 2-15** の中から RC 造と木質混構造（建物 B の例では RC+CLT）の結果を抜き出し，両者を比較するために仮想建物 14 棟全部についてグラフ化したのが **図 2-16** である。左図が木質混構造，右図が RC 造の結果である。前図と同様，グラフの＋側が排出量，－側が貯蔵量を示している。木質混構造の構造様式は **表 2-2** に示した通りであるが，**図 2-16** によると，左図の木質混構造では，構成にもよるが，右図の RC 造よりも CO₂ 排出量の少

ないことが推察できる。また，木質混構造，RC 造のいずれであっても CO₂ 排出量の多くをコンクリートと鋼材が占めていることが推察できる。建物 A は規模に比して混構造化による対 RC の削減効果が大きく，集成材造であることのメリットが看取される。さらに木造木質化することで C 貯蔵が少なからず認められることがわかる。このようなことから，これまで当たり前のように選択されてきた RC 造よりも木造木質化によることの環境優位性がみてとれる。Woodcity の仮想建物が全て RC 造の場合には，**図 2-17** の右方に示すように，CO₂ 排出量は推定約 11.5 万 t-CO₂ のようであるが，木質混構造の場合には同図左方のように約 6.7 万 t-CO₂，C 貯蔵量は約 3.6 万 t-CO₂ のように推定される。したがって，木質混構造の CO₂ 排出量は RC 造を選択した場合に比して約 4.8 万 t-CO₂（約 40 ％）の CO₂ 排出削減が期待できそうである。

　我が国は 2030 年までに脱炭素 46 ％（2013 年度比）を目標とすることを表明（2021 年 10 月 22 日閣議決定）している。このためには毎年約 4,500 ～ 5,500 万 t-CO₂ 以上の排出削減を達成する必要があ

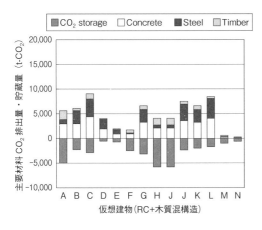

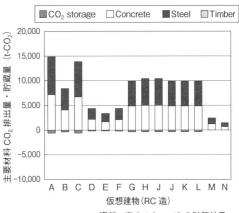

資料：表 2-4 と p. 49 の計算結果

図 2-16　仮想建物 14 棟の CO₂ 排出量と貯蔵量（木質混構造と RC 造の比較）（作成：佐々木康寿）

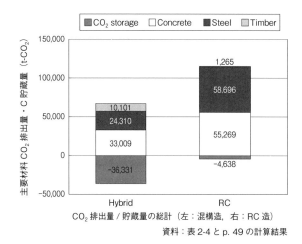

CO$_2$排出量／貯蔵量の総計（左：混構造，右：RC造）
資料：表2-4とp. 49の計算結果

図2-17　仮想建物14棟のCO$_2$排出量と貯蔵量の総量比較（木質混構造とRC造の比較）（作成：佐々木康寿）

ると考えられていて，対応策として，例えば，発電所や化学工場などから排出されるCO$_2$を他の気体から分離して集め，地中深くに貯留・圧入するCCS（Carbon Dioxide Capture & Storage）計画が2030年頃の稼働を目指して進行中である（例えば2022年2月3日讀賣新聞）。また，関連する具体例として企業従業員の通勤用に燃料電池バスを導入した取り組みでは，当該バス4台の運用で通常バスに対して40t-CO$_2$／年の排出削減効果が期待されている（2022年1月13日東海テレビ）。これに対して，本項の上記で試算したWoodcity木質混構造の対RC

排出削減量は約4.8万t-CO$_2$のように見積もられているので，当該の燃料電池バス400台を12年間運用することと同程度の環境効果を生み出すと考えられる。CCS計画や燃料電池に比べればWoodcityはローテクでローコストな取り組みだが，Woodcityの環境効果は決して小さいものではなく脱炭素化に向けた貢献が期待できる。

2.2.2　Woodcityの木材投入量

　この項では，Woodcityを推進しようとする場合に必要となる木材投入量を前項の考え方にしたがって推定する。仮想建物で必要となる木材の推定投入量を**図2-18**に示す。この図も**図2-16**と同様に左図が木質混構造，右図がRC造と仮定した場合で，右図の縦軸スケールは左図より1桁小さいことに注意されたい。**図2-18**によれば，左図のCLT造の集合住宅（H, I）で木材の使用量の多いことが推察される。本節で想定した仮想建物では，規模や構造が全て異なっているため単純比較はできないが，部屋数（壁）が多くなる集合住宅をCLTで計画することにより，大型商業施設Aよりも木材投入量の増加することが推察される。また，右図のRC造では，左図の木質混構造より木材使用量の少ないことが歴然としている。これらの建物14棟で使用する木材の総

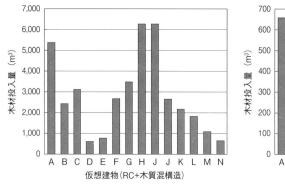

仮想建物（RC+木質混構造）

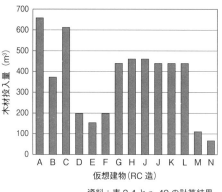

仮想建物（RC造）

資料：表2-4とp. 49の計算結果

図2-18　仮想建物で必要となる木材の推定投入量（木質混構造とRC造の比較）（作成：佐々木康寿）

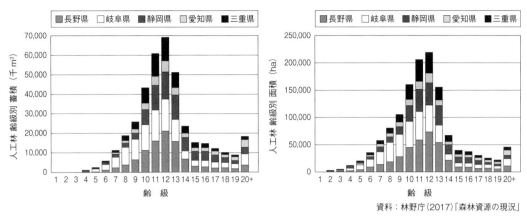

図2-19　中部5県人工林スギ・ヒノキ・カラマツの齢級別蓄積と面積(作成：佐々木康寿)

量は，左図の木質混構造の場合では推定約3.9万m³のように見積もられ，RC造の場合には0.5万m³でほぼ1/8である。木材使用量の3.9万m³は現在の森林蓄積量を320m³/haと仮定すると正味で約122haに相当する。建築用材を得るための歩留まりや加工ロスを考慮するなら，少なくともこれの2〜3倍の森林面積(300〜400ha)に相当すると考えられる。また，使用木材をヒノキと仮定するなら，この量を林野庁が提案する間伐貢献度に換算すると約3,700haに相当する。

2.2.3　Woodcityの排出するCO₂を次世代の森林が吸収に要する時間

第2.2.1項では，Woodcityに投入する主要材料からその製造時に約6.7万t-CO₂が排出されると推定された。これに対して，建物がRC造である場合には約11.5万t-CO₂が排出されると推定された(図2-17)。本項では，これらの排出されるCO₂を次世代の森林が吸収するのに要する時間を考える。そのためにはまず，森林の炭素蓄積と吸収量を知る必要があるので，ここでは例として中部地方の5県(長野，岐阜，静岡，愛知，三重)の人工林スギ・ヒノキ・カラマツで考えてみたい。

図2-19は中部5県の人工林スギ・ヒノキ・カラマツの齢級別蓄積と面積である。図を概観すると中部圏のこれら人工林3樹種の全蓄積量は約3.92億m³で，そのうちの多くを占めるのが岐阜県の約1.08億m³と長野県の約1.02億m³である。また，全体の中で10〜13齢級の蓄積が豊富であることや，15齢級以上もほぼ満遍なく分布していること，したがってこれらの資源が大径化してきていることなどが窺われる。これらのデータより単位面積あたりの森林蓄積量を求め，次の算定式を用いて炭素蓄積量を推定することを考えた。[23]

$$炭素蓄積量(t\text{-}C/ha)＝幹材積(m³/ha)×拡大係数×(1＋地上部・地下部比)×容積密度×炭素含有率$$

上式中，幹材積は樹木の胸高直径と樹高を測定することで求めることができるが，森林すべてを直接調べることは現実的ではない。そこで，収穫表というものを用いることで樹木の種類と林齢から平均的な幹材積を調べることになるが，本項では便法として上記の図2-19のデータより

23)　松本光朗(2001)：日本の森林による炭素蓄積量と炭素吸収量. 森林科学 33：30-36.

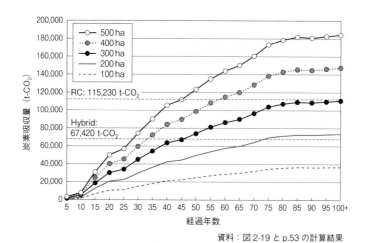

資料：図2-19とp.53の計算結果

図2-20　仮想建物が排出するCO₂の吸収に森林が要する時間（作成：佐々木康寿）

単位面積あたりの齢級間の蓄積量の差を求め，これを幹材積に近似するものとして扱った。上式中の拡大係数は20年生以下では1.54，21年生以上では1.21，地上部バイオマスに対する地下部バイオマス（根）の比率は0.27，容積密度は $0.375\,t/m^3$，炭素含有率には0.51の諸数値を用いて計算した。

　このようにして求める炭素蓄積量は，齢級毎の単位面積（ha）あたりのものであることから，森林面積が100～500 haの炭素蓄積量を求め，**図2-20** に森林の成長（経過）年数との関係で示した。なお，森林は光合成により二酸化炭素を吸収し酸素を放出する一方で，呼吸による酸素の吸収と二酸化炭素の放出も行っている。ただ，放出するより吸収する二酸化炭素の方が多いので差引では吸収していることになる。さらに，間伐と新植の繰り返しにより炭素蓄積量は増減するので，現実的には**図2-20** のように単純な指数関数的曲線になるわけではない。このようなことを踏まえた上で，本節ではWoodcityの建設で使用する材料から排出される CO_2 を次世代の森林が吸収するのに要する時間をイメージするために，同図を用いて考察を試みることにした。

　これによると，炭素蓄積量は経過年数とともに増加するが，約80年経過すると頭打ちになる。例として森林面積が300 haの蓄積曲線（図中の黒丸）で考えるなら，蓄積量が6.7万 $t\text{-}CO_2$ に達するには約45年を要し，11.5万 $t\text{-}CO_2$ では100年超であることが看取される。すなわち，Woodcityの仮想建物（木質混構造）が排出する CO_2 を3樹種からなる次世代の新しい人工林300 haが吸収するには約45年を要し，RC造とした場合には約100年超を要すると考えることができ，また両者の差は55年以上と考えられる。このことより，Woodcityの対RCのCO₂排出削減量（約4.8 $t\text{-}CO_2$）は55年超のCO₂吸収時間の差に相当する，すなわち55年以上のアドバンテージがあると考えることができる。

　さらに同図から示唆されることとして，これほどのCO₂を吸収するためには3樹種100～200 haの人工林では間に合わないこと，そしてWoodcityの環境優位性を維持するためには，次世代森林の規模や樹種，すなわち上記算定式中の各種パラメータなどの吸収力・機能を考慮した森林の育成戦略が大事になるだろう。

表2-5 材料輸送時のCO_2排出量に関する原単位(作成:佐々木康寿)

	単　位	陸路(トラック)	鉄路(鉄道貨物)	海路(内航船舶)
運輸CO_2排出量	X10^{3}tCO$_2$	72,491	378	6,595
輸送量	X10^{3}tkm	213,419,000	18,339,922	161,795,054
CO_2排出量/輸送量	X10^{-6}tCO$_2$/tkm	339	20	40

資料:国交省「自動車輸送統計年報2020年度」,「鉄道輸送統計調査2020年度」,「内航船舶輸送統計調査2021年度」

2.2.4 材料搬送に係るCO_2排出量

　第2.2.1項で考察した建物で使用する主要材料の炭素収支においては,材料製造時について考えたもので,材料輸送に係るCO_2排出について考慮していなかった。輸送手段やルートの最適化などを通じたCO_2排出削減は,次項でも触れるように輸送量(重量距離)に応じて影響を及ぼすことが考えられる。このようなことから,本項では使用材料の搬送時におけるCO_2排出量について考察する。この推定では,国立環境研究所の温室効果ガス排出量データ[24]および国交省の各種輸送統計データを用いて単位輸送量当たりのCO_2排出量に関する原単位を求め,これに使用材料の重量と輸送距離を乗じることで便法的に求めることにした。精度には欠けるが,輸送手段ごとのCO_2排出量は概算できるだろうと考えた。**表2-5**には推定に用いたデータおよび原単位を示す。また,推定には輸送材料の重量が必要であるので,**図2-21**にWoodcityの仮想建物で使用する主要材料重量の推定結果を示した。これらは第2.2.1項で示した考え方により求めたものである。これよりWoodcityで使用する主要材料の総重量は,木質材料・スチール・コンクリートを合わせて約14.9万tのように推定された。このうち木質材料は約2.8万tのように推定されている。また,同じ建物をRC造とする場合には約22.3万tで,木質混構造の約50%増と見込まれた。

　これらの材料をトラック,貨物船,鉄道で搬送する時のCO_2排出量を搬送距離との関係で示すと**図2-22**のようになる。なお,各種材料の搬送距離は現実的には同一ではなく異なるので,個別の輸送量との関係で考えるべきであるが,この図では主要材料3種を同じ距離だけ搬送するものと仮定して示している。図中の太い実線(上から2番目)が木質混構造で使用する主要材料をトラックで輸送する際のCO_2排出量と搬送距離の関係を示している。CO_2排出量は運搬する重量と距離に比例する。下寄りの2種のラインは,同じ材料を船舶あるいは鉄道で運搬する際の排出量である。これらはトラックで運ぶ場合の10%程度で,船舶・鉄道手段が極めて排出量の少ないことがわかる。一番上の破線はRC建物に必要な材料をトラックで運ぶ場合で,木質混構造の場合より排出量が60%程度増えること

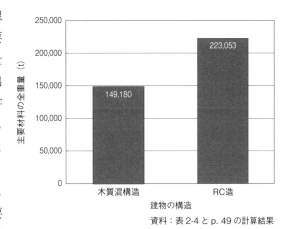

図2-21 仮想建物14棟で使用する主要材料の重量
(木質混構造とRC造の比較)(作成:佐々木康寿)

資料:表2-4とp.49の計算結果

24) 国立環境研究所温室効果ガスインベントリオフィス(GIO)編:日本の温室効果ガス排出量データ(1990〜2020年度)

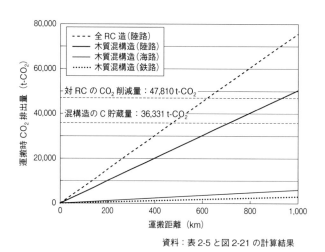

資料：表2-5と図2-21の計算結果

図2-22　仮想建物14棟（木質混構造，RC造）で使用する主要材料搬送時のCO₂排出量（作成：佐々木康寿）

が推察できる。

　ところで，Woodcityの木質混構造で使用する材料が貯蔵する炭素量は約3.6万$t\text{-}CO_2$であった（**図2-17**）。これを**図2-22**の太実線（上から2番目）に当てはめると，トラックでこれらの材料を約700 km運搬する時に排出するCO_2量に匹敵する。また，Woodcityを木質混構造で造ることでRC造に対するCO_2排出の削減量は約4.7万$t\text{-}CO_2$であった（**図2-17**）ので，これはトラックで約900 km運搬する場合の排出量に相当する。このようなことを考えると，材料搬送時のCO_2排出量は，搬送手段が大きく影響するが，他に材料生産地，材料製造拠点，Woodcity建設地との距離および搬送ルートに依拠することになるので，これらをパラメータとする最大公約数的な最適解を状況に応じて見つける必要があるだろう。材料生産地〜材料製造拠点〜建設地が近接する場合にはほとんど気にかけることもないと考えられるが，仮に長い距離をトラック搬送するならCO_2排出量は増加し，Woodcityの環境優位性は減じられることが危惧される。ちなみに，第4.1節で触れるノルウェーで2019年に竣工した18階建ての木造建築（Mjøstårnet: ミョスターネット）は「持続可能な建築のショーケース」ともいわれ，ESG投資を呼び込むことで経営的にも成功した事例といわれているが，地域の森林資源を活用する集成材工場と建設地との立地関係は15 kmである。また，口絵に示す丸太の鉄路搬送風景について補足するなら，一編成の貨物列車は約20輌前後で約$1,500 m^3$の丸太を運搬していると推量される。これを電気機関車の機関士1〜2名でコントロールしているので環境負荷低減型であるだけでなく労働効率も高いと考えられる。

2.2.5　Woodcityの実現を支える国産材

　以上のようにWoodcityの炭素収支によれば，都市部におけるこれまでの建築物の一般的選択肢であったRC造などに比べて木造木質化建物はCO_2排出抑制に効果のあることがわかった。また，建物建設時に排出するCO_2を次世代の森林が回収するために必要な時間や建物に投入する木材量を推定し，材料選択が及ぼす環境効果の定量化を試みた結果，木造木質化の優位性が示唆された。

　一方で，我が国の豊富な森林資源蓄積量に対する木材生産量は現況で約0.55％程度と言われており，世界的に見ても低レベルに止まっている。[25] 今後，期待したい本格的なWoodcity／木造木質化・脱炭素都市の時代を迎えるにあたり，これを支える主要木質材料の安定的な生産と供給体制や，森林と都市を結ぶ需給連携は重要性が高まることが考えられる。このことについては第3章で詳しく論じることにする。

25）林野庁：平成29年度森林及び林業の動向.

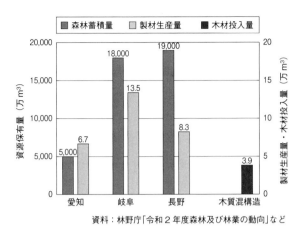

図2-23 Woodcityを支える森林資源と木材生産
(作成：佐々木康寿)

資料：林野庁「令和2年度森林及び林業の動向」など

そこで，本項ではWoodcityの実現に向けた資源と生産について考えてみたい。我が国の現在の森林資源保有量は52.4億m³で，**図2-23**(左縦軸)に示すように，例えば愛知県では0.5億m³(全国比0.95％)，岐阜県1.8億m³(同3.43％)，長野県1.9億m³(同3.63％)である。これらの3県をあわせた資源保有量は4.2億m³で，我が国の10％弱に相当している。この保有量のうち製材品の年間生産量を考えると同図(右縦軸)のように，愛知県で6.7万m³(同県保有量の0.13％)，岐阜県13.5万m³(同0.08％)，長野県8.3万m³(同0.04％)である。このような現状に対して，本節のWoodcityで使用する木材量は約3.9万m³のように見積もられている(**図2-23**の最右の棒グラフ)。この量は1年間で必要となるものではないが，愛知県の製材品年間生産量の72％，岐阜県生産量の36％，長野県生産量の58％に相当している。

このようなことから，将来，本格的なWoodcityの時代を迎えるなら，主要材料となるであろう集成材やCLT，長尺大径製材などWoodcityが望む建築用各種木質材料の安定的な生産・供給を支える丸太・木材の生産は，現状の体制として必ずしも十分とは言えないであろう。

我が国の今日の人工林齢級構成は，第2.1.3項で触れたように戦後の拡大造林政策の結果として10齢級(50年生)以上が森林面積の半分を占めるに至り，今後収穫される丸太は大径化(末口直径30cm以上)してくる可能性が高い。すなわち，戸建て住宅用の製材をこれまでの主たるターゲット，マーケットとしてきた設備・加工場においては，森林資源の現状や川下側の要求とのマッチングを見直す時期に近づいていることが考えられ，製材設備等の刷新など戦略の見直しが求められている状況にあることが想像される。このことは，今日の我が国の木材生産効率の低さと無関係ではないと考えられる。

これに呼応するように，国産材を主な原料とする年間素材消費量が数万m³から10万m³を超える規模の大型の製材・合板工場等の整備が進んでいるが[25,26]，これらの立地には全国に満遍なく配置される鉄鋼材などの生産拠点と比べて偏りがある。Woodcityの推進に貢献するであろう木質材料の生産拠点は資源量，生産性，人口，消費地など諸々の指標に応じて計画されるだろうが，偏りのないほうが好ましい。例えば，伊勢湾流域圏の鉄道沿線には中小の都市が連続し，その背後にはクオリティの高い，豊富な森林資源を擁している。加えて，我が国のものづくり産業が集積し，技術，製造，物流，人口の中心に位置してる。このような状況にあって都市の木造木質化の歩みが低調であるのは，これらのポテンシャルに比して木質材料の製造拠点がないことも無関係ではなかろう。

前項のように材料搬送時における環境負荷や迅速かつ安定的供給のためにも，きめの細かい製造拠点の配置と供給網の展開が望まれる。これに関して**図2-24**は丸太→木材生産・製造・加工

26) 林野庁：令和元年度森林及び林業の動向.

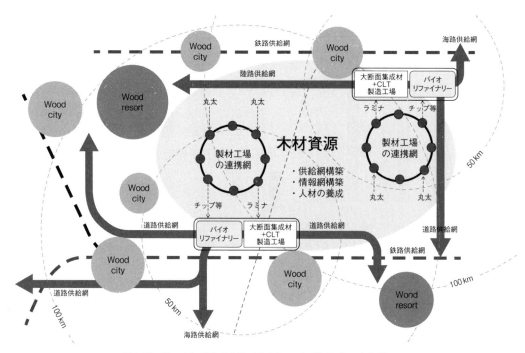

図 2-24　Woodcity を支えるサプライチェーン（作成：佐々木康寿）

場→建築現場に至る材料の流れ，手段，距離感を模式的に表したものである。脱炭素はサプラ
イチェーンにも求められるため，川上－川下－建築現場が近距離に位置しているに越したことは
ない。同図は，現在稼働中の製材所の連携網を中核に据えて統一規格に基づくラミナ（挽板）を生
産し，これを共通のエレメントとする木質材料の製造工場に搬送した後，集成材・CLTを製造す
る。これらの木質材料は供給網沿線の建築現場に搬送し，Woodcityを実現しようというスキー
ムである。また，次章でも触れるように，大径丸太の製材工場では小中径丸太を主たる対象とし
ていた場合に比べて端材の出現率が増えることが予想されるため，これらの活用方法も課題とな
る。このようなことから，これらの製材所や木質材料の製造工場では端材を有効活用すること
で，第4.6節で触れるケミカルマテリアルなどの高収益が見込める木材由来の高付加価値材料を
生産・出荷する拠点を併設し，林業への利益還元率を上げることを**図2-24**では考えている。

　Woodcityの仮想建物の炭素収支においては，前項で考察した主要材料の搬送時におけるCO_2
排出量が懸念され，Woodcityの環境効果を生かすためにも搬送時におけるCO_2排出削減の重要
性を認識する必要性が示唆された。このようなことから，**図2-24**のスキームに示すように木材
資源の収穫からWoodcityの現場に至るまでの丸太・木材・木質材料の搬送経路が近い範囲に収
まっていることが望ましく，前述の考察を踏まえて，Woodcityを支える主要材料の安定的な生
産・供給拠点の分散配置を考えることは大事なことである。

　このようにWoodcityの実現と我が国の森林資源産業の前進のためには安定的かつ効率的な原
材料の調達と製材・木質材料の生産・供給体制の構築が重要課題となることを示唆しており，森
林と都市を結ぶ需給連携はますます重要性が高まると考えられる。国産材に期待が注がれている
中，外国産材やコンクリート・鋼材が持っている様々なメリットに対する競争力をつけるには，
建築側が望む材料需要に対していかに迅速に安定的に応えるか，必要とされる製品・品質・量を

必要な時に供給することのできる体制を整えていく必要がある。このことについては次章で論じる。

2.3 非住宅木造建築の木材使用量と炭素貯蔵効果

2.3.1 構造，空間規模別の木材使用量原単位

　木材は重量の半量が炭素であり，木材利用による炭素貯蔵効果はカーボンニュートラルの実現において重要な役割を担う[27]。木材を大量かつ長期利用できる建築利用の意義は大きく，世界各地で木造建築の建設が盛んである。

　炭素貯蔵効果の観点から，木材使用量は重要な指標であり，国内外で実績調査が進められている[28]などが，最新の木造建築では技術革新が著しく，混構造や新木質材料も増えて構法は多岐にわたり，構法や空間規模によって木材使用量は変動する。これについて，集成材・CLT製造企業および東海地区の地方自治体行政の協力を受け[29]，2006年以降に建設された，木造および木材とその他材料から成る混構造の集合住宅および非住宅建築物における木材使用量を調査した。内装だけを木質化した事例，改修時に木材を使用した事例，土木利用事例は含まれない。建築用途は保育園，学校施設，老人福祉施設，その他(事務所，集合住宅・宿泊施設，屋内運動場，工場，倉庫など)に大別される。調査件数は集成材・CLT製造企業から85件，地方自治体から87件，これに加えて，新国立競技場，大分県立武道スポーツセンター，草薙総合運動場 このはなアリーナ体育館の情報を書籍や当該物件のホームページから得て追加した全175件である。これらの建物は，次のように分類することができる。

　(1) 構造による分類：木造と混構造に大別し，さらに混構造については構造計画を考慮して単一型と複合型に分類される。単一型は「1階RC造＋2階以上木造」あるいは「同一階において，ほぼ木造＋防火エリアとしての他構造」のように，構造計画上木造部分と他構造部分が独立した建物である。複合型は「RC造の一部にCLT耐力壁を使用した建物」のように，建物の主要構造部分が木材とその他材料で構成されたものである(図2-25)。

　(2) 空間規模による分類：建築用途を基に，大空間建築(体育館，工場，倉庫)と部屋数が多い小空間建築(事務所，学校，保育園，老人福祉施設，集合住宅，宿泊施設)に分類される(図2-26)。

　図2-27は構造あるいは空間規模による分類別に延床面積(m^2)と木材使用量(m^3)の関係である。図示するように，いずれの分類でも延床面積の増加に伴って木材使用量は比例的に増加する。この線形回帰式の傾きを木材使用量原単位(m^3/m^2)として表2-6にまとめる。表2-6には，木材使用量原単位から算出した炭素貯蔵量原単位(炭素含有率0.5，密度$400\,kg/m^3$として計算)を合わせて示した。図2-27および表2-6からわかるように，構造や空間規模によって木材使用量原単位は異なる。まず，構造による分類では，木造と混構造では原単位が大きく異なる。木造の原単位は$0.241\,m^3/m^2$であり，混構造の$0.059\,m^3/m^2$の約4倍である。木造では主な構造計画

27) 経済産業省(2021)：パリ協定に基づく成長戦略としての長期戦略.
28) Takano, A. *et al.*(2014): Greenhouse gas emission from construction stage of wooden buildings. *Int. Wood Prod. J.* 5(4): 217-223.
29) 岐阜県林政部県産材流通課(2022)：非住宅施設の木造化にかかる低コストマニュアル・事例集.

ロイヤルセンチュリー姶良

滋賀県林業会館

(a)木造・CLTパネル構法　　　　　　　　(b)木造・軸組構法

白鳥中学校

やはた幼稚園

(c)混構造・単一型　　　　　　　　　　(d)混構造・複合型

図2-25　構造による分類
(岐阜県林政部県産材流通課:非住宅施設の木造化にかかる低コストマニュアル・事例集)

大分武道アリーナ

桑原木材株式会社 金山工場

(a)大空間・体育館　　　　　　　　　　(b)大空間・倉庫

やはた幼稚園

ロイヤルセンチュリー姶良

(c)小空間・幼稚園　　　　　　　　　　(d)小空間・集合住宅

図2-26　空間規模による分類
(a 撮影:伊東幸子, b~d 岐阜県林政部県産材流通課:非住宅施設の木造化にかかる低コストマニュアル・事例集)

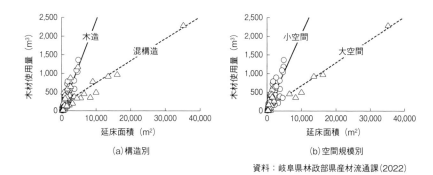

(a) 構造別　　　　　　　　　　　　(b) 空間規模別

資料：岐阜県林政部県産材流通課（2022）

図2-27　延床面積と木材使用量の関係（作成：山﨑真理子）

表2-6　分類別の木材使用量原単位（作成：山﨑真理子）

分　類		件　数	木材使用量 （m³/m²）	炭素貯蔵量 （kg/m²）	決定係数
構　造	木　造	116	0.241	48.2	0.83
	内．CLTパネル構法	22	0.375	75.0	0.89
	内．軸組構法	54	0.247	49.4	0.86
	混構造	47	0.059	11.8	0.75
	内．単一型	11	0.256	51.2	0.86
	内．複合型	21	0.059	11.8	0.92
空　間	大空間	24	0.061	12.2	0.51
	内．混構造	13	0.062	12.4	0.97
	小空間	114	0.222	44.4	0.64
	内．混構造（単一型）	10	0.255	51.0	0.89

資料：岐阜県林政部県産材流通課（2022）

がCLTによる場合と軸組による場合に分類すると，また，混構造では単一型と複合型に分類すると確度の高い推定が可能となる。混構造・単一型の原単位は木造と同程度である。混構造・複合型では木材の利用方法が多様であるが，にもかかわらず延床面積と木材使用量の関係は高い決定係数を示した。次に，空間規模の影響を見てみよう。空間規模による分類でも，大空間と小空間では原単位が大きく異なる。小空間（0.222 m³/m²）の建物は仕切り壁が多いために，大空間（0.061 m³/m²）の3.3倍の原単位となる。ただし，大空間／小空間の分類は，構造による分類ほど決定係数が大きくない。これについて，大空間の場合には混構造に限定すると，また小空間の場合には単一型の混構造に限定すると決定係数が向上する。

2.3.2　日本国内の人工林と建設活動からみた炭素貯蔵

　図2-28は人工林－建築用材系の炭素循環の図である。大気中のCO_2を人工林の樹木が光合成により吸収し，炭素を樹木内に固定する（炭素固定機能）。樹木を伐採した後，木材として利用する限り，固定した炭素が地上に貯蔵された状態が継続される。これを炭素貯蔵効果という。建築物が役目を終えて解体された後，建材を建築物にリユースするかあるいはボード類にリサイクルすればさらに貯蔵期間は延長される。最終廃棄により焼却処分されると木材内に貯蔵された炭素は酸化してCO_2となり，大気中へ排出される。この系の炭素循環は地下由来の炭素ではなく大気

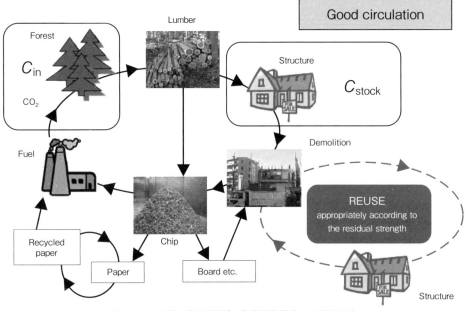

図2-28　人工林−建築用材系の炭素循環（作成：山﨑真理子）

由来の炭素であることからカーボンニュートラルと呼ばれる。ただし，この系のカーボンニュートラルが大気中のCO_2濃度削減に貢献するためには，時間軸も考慮することが非常に重要である。すなわち，森林が炭素を吸収するスピードと比べて，樹木伐採後の木材焼却による炭素排出スピードが速ければ，カーボンニュートラルは成立せず，大気中のCO_2濃度は増加してしまう。少なくとも吸収スピードと排出スピードがバランスする必要があり，そのために建築物として炭素貯蔵をさせ，さらに建築物の長寿命化によりその貯蔵期間を長期化させることが重要なのである。

　さて，**表2-6**に示すように，建築物に貯蔵することができる炭素量は構造や空間規模で大きく異なる。この差異はどのような意味を持つのだろうか。詳細に検討するためには建築物の半減期を用いた計算をする必要がある[30]が，ここでは簡単に計算してみよう。

　図2-29に示すように，森林が大気から吸収した炭素をC_{in}，間伐後の丸太搬出率をx，丸太からの木質材料への歩留まりをy，建築物内での木材利用により貯蔵される炭素をC_{stock}とする。まず，時間的なバランスは，炭素吸収時間をt_{in}，炭素貯蔵時間をt_{stock}とすると$t_{in}/(x \times y) = t_{stock}$となる。次に，量的なバランスを考えよう。木材生産量は森林内の木材伐採量A m^{3}に歩留まり$x \times y$を乗じた値となる。この木材生産量を全て建築物に投入して年間建築着工面積をWm^{2}のうち木造化率がR％になったとすると，床面積当たりの使用量（原単位B）は$(A \times x \times y)/(W \times R)$となる。時間的バランスと量的バランスを同時に成立させる条件を試算してみよう。炭素吸収時間t_{in}は60年と仮定する。木材伐採量について，日本の人工林においては現状を改善するために樹木の年間成長量以上の木材を利用する必要があるが，どの程度利用すべきかは難しい問題であるので，まずはせめて樹木の年間成長量を利用することを考えよう。日本の人工林について

30) Tsunetsugu, Y., Tonosaki, M.(2010)：Quantitative estimation of carbon removal effects due to wood utilization up to 2050 in Japan: effects from carbon storage and substitution of fossil fuels by harvested wood products. *J. Wood Sci.* 56：339-344.

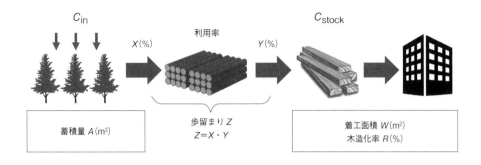

図2-29　人工林−建築物への木材利用フロー（作成：山﨑真理子）

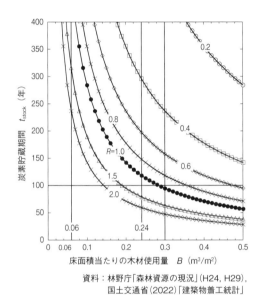

資料：林野庁「森林資源の現況」(H24, H29),
国土交通省(2022)「建築物着工統計」

**図2-30　カーボンニュートラルを成立するための
木材使用量原単位−建物寿命曲線**
（作成：山﨑真理子）

平成24年から平成29年の5年間の平均年間蓄積増加量は5660万m³(A)である[31]。一方，令和4年の年間建築着工面積は1億2000万m²(W)である[32]。歩留まりは現状より少し多めであるが，ここでは暫定的に$x = 0.3$，$y = 0.5$としよう。**図2-30**にカーボンニュートラルを成立するための木材使用量原単位(B)−炭素貯蔵時間t_{stock}曲線を示す。縦軸の炭素貯蔵時間t_{stock}は建物解体前の交換や建材のリユースやリサイクルによる2次利用をしない場合には，すなわち建築寿命を意味する。木造建築の木材使用量原単位0.24 m³/m²を図の横軸(B)に当てはめると，木造化率を100％として建築寿命を118年としたとき，ようやくカーボンニュートラルが成立することになる。CLTパネル構法のように木材使用量原単位が0.3 m³/m²であれば，木造化率100％のとき建築寿命が概ね100年となる。一方，混構造の木材使用量原単位0.06 m³/m²でみると，木造化率100％のとき建築寿命は400年である。木造化率200％で建築寿命200年であるから，輸出は必至ということになろう。見方を変えれば，人工林面積の点で日本国内の木材資源の潜在生産力は高く，輸出産業になり得るとも言える。

　最後に，木造化率について見ておこう。年間着工面積の階数別分布[35]を調べると，3階建以下の建築物が全床面積に占める割合は71％，5階建以下では83％である。木造化率80％のラインが建築寿命100年を下回る木材使用量原単位は0.355 m³/m²となる。

　ここで示した試算は，歩留まりの仮定，建築寿命，木造化率のいずれも現状より優れた値である。しかし，目標として不可能な数字でもあるまい。どうやら，本書で提案するWoodcityにより，カーボンニュートラルのバランスを目指せそうである。

31)　林野庁：森林資源の現況（平成24年および平成29年）より計算.
32)　国土交通省(2022)：建築物着工統計.

第3章　Woodcityの実現に向けて

3.1　木材供給の現状

3.1.1　木材の使用量を歩掛りの実例ベースで統計化

　木材建築の建設にあたって木材がどれほど使用されているかを推計することは，木材利用のシナリオ作成において重要である。建築物中の木材投入量を評価する上で便利なのが面積原単位（歩掛）であり，これは，建築物における単位床面積あたりの材料使用量を表した数値である。1章では$0.2\,\mathrm{m^3/m^2}$を目標として建物の設計を試みた。このように建物図面が具体化された場合では面積原単位を算出することが可能となる。その一方で，特定の建築物に依存せずに，木造建築物一般としての統計的なデータを知ることも重要である。

　国土交通省が公表する建設資材・労働力需要実態調査【建築部門】[1]では，主な建築材料の面積原単位について調査結果が示されている。令和元年度の調査結果を**表3-1**に示す。構造別に見ると，当然のことながら，木材の面積原単位は木造で最も高くなる。令和元年度では$0.193\,\mathrm{m^3/m^2}$であった。他の構造でも木材は使われており，木造に次いで多かったのは鉄筋コンクリート造の$0.028\,\mathrm{m^3/m^2}$であった。近年の木材の面積原単位の推移を**図3-1**にまとめた。この図からは木造の面積原単位に劇的な変化は見られなかった。詳細をみると$2006\sim2011$年では$0.2\,\mathrm{m^3/m^2}$を超えていたが，現在はわずかに減少して$0.19\,\mathrm{m^3/m^2}$程度である。木造での面積原単位は建物規模や構法によっても変化すると考えられる。今後，木造の中大規模化が進んだ場合，この面積原単位がどのように変化するかに注視する必要がある。

　木質の構法が多様化していることを考えると，今後は構法別に原単位が示される方が望まし

表3-1　建築延べ床面積$1\,\mathrm{m^3}$あたりの面積原単位(令和元年度)（作成：小川敬多）

資材・職種名	単　位	構造総合	木　造 （W造）	鉄骨鉄筋コンクリート造 （SRC造）	鉄筋コンクリート造 （RC造）	鉄骨造 （S造）
セメント	t	0.153	0.078	0.222	0.313	0.163
生コンクリート	m³	0.411	0.218	0.635	0.860	0.425
骨材・石材	m³	0.661	0.416	0.833	1.105	0.743
木　材	m³	0.095	0.193	0.008	0.028	0.010
鋼　材	t	0.082	0.012	0.187	0.140	0.138
就業者	人目	2.035	1.981	2.525	2.418	1.896

資料：建設資材・労働力需要実態調査

1）国土交通省：建築資材・労働力需要実態調査

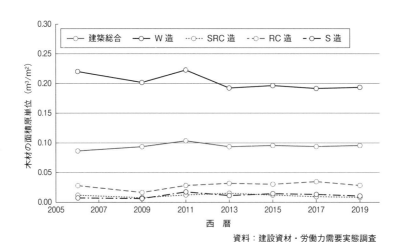

資料：建設資材・労働力需要実態調査

図3-1　各種構造における木材の面積原単位の推移（作成：小川敬多）

い。現状ではこれについて資料が充実している状況にはないが，散見されるデータの一部を紹介する。木造住宅については平成6年のデータに基づいた試算があり，0.174 m³/m²と算定されている[2)]。なお，当時の木造住宅着工数の8割以上は在来軸組構法であることから，この数値はおおよそ在来軸組構法住宅の値とみなしても大差ないと考えられる。他の調査事例をみると，軸材料を主な構造躯体とする建築物での面積原単位がまとめられており，例えば，ラーメン構法の建築物では0.168 m³/m²と報告されている[3)]。また，ブレースを用いた建築物で0.144 m³/m²，ブレースと合板を用いた建築物では0.135 m³/m²と報告されており，この結果から，ブレースや面材張りのように耐震・耐風性能の効率的な確保が図られた建築物では，面積原単位が小さくなる傾向がうかがえる。

　一方，近年では直交集成板（CLT）の台頭が目立つようになっており，全国各地にCLTパネル工法による構造物が建設されている。これらの建築事例の一部はWEBで公開されているため[4)]，ここではその資料を頼りにCLTパネル工法での木材の面積原単位を求めてみた。公開されている事例の中から，CLTパネル工法，ならびに，床や壁を主にCLTで構成しているものを選び出した（建物の一部利用の事例は除外した）。それらの延べ床面積とCLT使用量の関係を**図3-2**に示す。図の(a)では選び出した全ての物件の使用量と延べ床面積の関係をプロットしている。これらのプロットに対して，比例直線式（$y = ax$，すなわち傾きaが面積原単位となる）で回帰したところ，面積原単位は0.260 m³/m²と算出された。この値は，木造全般の0.193 m³/m²（**表3-1**）よりも大きい。さらに，用途別での面積原単位の算出のため，これらのCLT建築事例の中から集合住宅の事例を抜き出した。その結果を**図3-2**の(b)に示す。これによれば，面積原単位は0.422 m³/m²となり，同図(a)の値よりも大きくなった。すなわち，建物用途も面積原単位に与える要因であると考えられる。さらに，図(b)の回帰時の決定係数R^2は0.997と高い値を示しており，得ら

2)　岡崎泰男，大熊幹章（1998）：炭素ストック，CO_2放出の観点から見た木造住宅建設の評価．木材工業　53(4)：161-165.
3)　北村俊夫ほか4名（2022）：中大規模木造建築物の単位面積あたりに使用する躯体材積に関する一考察．日本建築学会大会学術講演梗概集（北海道），構造Ⅲ，22284.
4)　一般社団法人日本CLT協会：利用事例（建築）

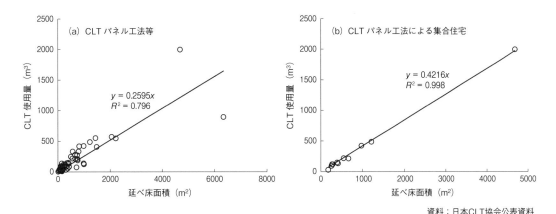

図3-2　CLTパネル工法建築物における延べ床面積とCLT使用量の関係（作成：小川敬多）

れた数値に信頼性が備わっている。

　木造建築や木造都市を造るために，それに利用される木材の量を推計することは重要であり，それの肝となる数値が面積原単位である。国土交通省は木造全般として $0.193\,\mathrm{m}^3/\mathrm{m}^2$ を公表しているが，構法・工法・用途により面積原単位は異なるため，今後は，これら建物種別を考慮した面積原単位が算定されることが望ましい。

3.1.2　素材生産量と木造建築量との関係

　我が国では森林が全国の広範囲に分布している。局所的に多少の偏りはあるものの，森林が存在しない，あるいは，樹木が育たないような地方はほとんどない。林野庁の公表資料によると[5]，最も森林率が低い都道府県は大阪府であるが，それでも面積の 30 ％ が森林に覆われている。しかしながら，素材生産が満遍なく行われているかといえば，必ずしもそうではない。それぞれの都道府県では産業的な特色があり，木材生産が活発な地域とそうではない地域が存在する。ここで，木材需給報告書に基づいて各都道府県での素材生産量を俯瞰する[6]。公表されている主要部門別素材生産量（2020 年）の中から，木造建築に関わるものとして製材用と合板等用を抜粋し，両者を足し合わせて生産量を求めた。それを塗り分け地図にして**図 3-3**(a)に示す。特に生産量が多いのは，北海道（製材用 1455 千 m^3 ＋合板等用 563 千 m^3）や宮崎県（製材用 1772 千 m^3 ＋合板等用 40 千 m^3）である。その他でも，東北や九州で生産量が多い県が集中している様子が見受けられる。また，長野県や岐阜県等の内陸の県でも素材生産が盛んである。一方，関東地域や大阪府などの都市部では生産量が少ない。

　素材生産量と同様に，木造建築が日本でどのように分布しているのかを確認する。**図 3-3**(b)は建築物着工統計（2020 年）[7]から作成したものであり，木造建築物の床面積の合計について都道府県別に塗り分け地図で示したものである。想像に容易いように，人口が集中する都市部では床面積が多くなっており，東京都・千葉県・神奈川県・埼玉県・愛知県・大阪府では 2500 千 m^2 を超えている。素材生産量の塗り分け地図からもわかるように，これらの多くは素材生産量が少ない

5）　林野庁：都道府県別森林率・人工林率
6）　農林水産省：木材統計調査
7）　国土交通省：建築物着工統計

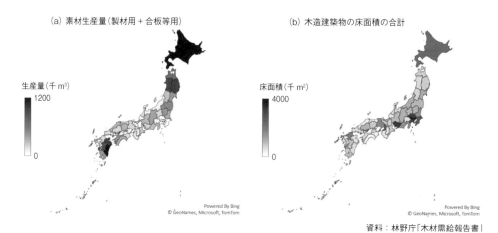

(a) 素材生産量（製材用＋合板等用）　　　　　　(b) 木造建築物の床面積の合計

生産量（千 m³）

床面積（千 m²）

資料：林野庁「木材需給報告書」

図3-3　都道府県毎の素材生産量（製材用＋合板等用）と木造建築の床面積の合計（作成：小川敬多）

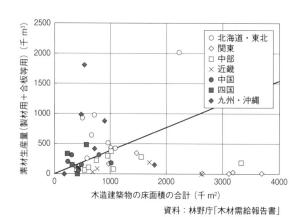

資料：林野庁「木材需給報告書」

図3-4　都道府県別の素材生産量（製材用＋合板等用）と木造建築の床面積の合計との関係（作成：小川敬多）

都道府県である。特別に注目するならば愛知県であり，木造建築物の床面積は3320千m²と2番目に高いながらも，素材生産量は188千m³（製材用103千m³＋合板等用85千m³）であり，この素材生産量は全国で24番目と中位である。

素材生産量と木造建築物の床面積との関係を図3-4にプロットした。この図からは，いくつかの特徴的な都道府県が見受けられる。グラフの右下部にあるプロット群は，前述の都市部のものである（東京都・千葉県・神奈川県・埼玉県・愛知県・大阪府）。右上部のプロットは北海道であり，広大な人工林を有して素材生産が盛んでありながらも，札幌市をはじめとした大都市を有することが，ここにプロットが位置する理由と考えられる。グラフの左上部の菱形プロットは宮崎県である。目立った大都市はないながらも，素材生産が盛んであることがうかがえる。

ここで，次の試算を行った。前節によれば木造建築物の面積原単位は0.193m³/m²である[1]。これを製材と合板の歩留まりを除くことで木造建築物の床面積1m²に必要な丸太の量を計算できる。ここでは仮に歩留まりを50%とすると，0.386m³/m²と概算できる。傾きが0.386m³/m²となる比例の直線を図3-4に描いた。すなわち，グラフ上でこの直線よりも上部に位置する都道府県は，県内での木造建築物を建てるために必要な木材素材を量的な面で生産していることを意味する。この直線よりも上部に位置する都道府県は18道県であった。その内訳をみると，北海道・東北地方で7道県，関東地方で1県，中国地方で3県，四国地方で3県，九州・沖縄地方で4県であった。素材生産の量的な見方に限った話ではあるが，これらの都道府県での素材生産が盛んなことで，その他の都府県の木造建築物の供給が支えられていると見ることができる。

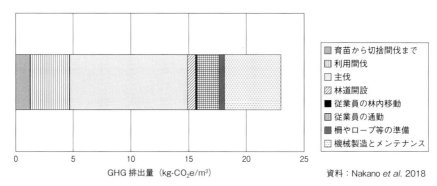

資料：Nakano *et al.* 2018

図3-5 木材生産過程における温室効果ガスの排出量(作成：小川敬多)

3.1.3 木材生産に要するエネルギー

　木材は炭素を固定する一方で，素材生産の過程ではエネルギーを要する。木材の炭素収支における優位性を明らかにするためには，生産過程で排出される炭素量を明確にする必要があり，これまでに，数々のインベントリ分析が試みられている。これらで主に用いられているのが，樹木を植える時点からの素材生産に至るまでの様々な工程において，必要な燃料等を調べ，各工程で生じる炭素排出量を積み上げる手法である。

　ここでは，Nakano *et al.*の調査事例を紹介する[8]。森林で丸太を製造するまでには，育苗・地拵え・植林・下刈り・枝打ち・除伐・切捨間伐・利用間伐・主伐のプロセスが必要である。これらには刈払機やチェーンソー，グラップルをはじめとした多様な機械が使用され，これらはガソリンや軽油等の燃料を消費する。また，これら以外の間接的な炭素排出要因として，作業路開設・柵やロープの準備・機械製造とメンテナンス・従事者の林内移動・従事者の通勤が挙げられる。これらを調査インベントリ項目とし，実地調査や文献調査により各項目で推定される燃料消費量を算定し，炭素排出量を求めている。Nakano *et al.*の調査結果[8]の概要を**図3-5**に示す。丸太生産までの過程で，トータルで23.0 kg-CO_2e/m^3に相当する温室効果ガス(GHG)が排出されていることが示された。その内訳をみると，主伐がおおよそ半分程度を占めている。また，通勤や機械製造とメンテナンス等の間接的プロセスも，必ずしも無視できるほど少ない訳ではない。

　続いて，丸太から建築資材として施工現場に届けられるまでの炭素排出を考える。ここでは，静岡大学農学部住環境構造学研究室が実施してきた調査を紹介する。この研究室では，2008年から2020年にわたり，静岡県内で建設された公共建築物等を対象として，その木材利用に関わる炭素収支を調査してきた。これは静岡大学，静岡県木材協同組合連合会および県内製材会社等で構成される研究会で実施したものであり，調査対象は20件に及ぶ。調査は丸太が集積所にある段階からスタートし，建築現場への納入をゴールとして炭素排出量を調べた。調査内容としては，各物件に実際に関わった製材・木材乾燥・木材加工等に対して聞き取り調査し，運搬・製材・乾燥・加工における炭素排出量を計算した。全20件の調査結果から，各項目での炭素排出量について，木材1m^3に換算した。それぞれの物件で，各項目が占める割合はまちまちであった。

8) Nakano, K. *et al.*(2018)：Greenhouse gas emissions from round wood production in Japan. *J. Clean. Prod.* 170：1654-1664.

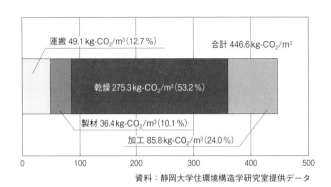

図3-6 構造用木材の利用に至るまでに各項目で排出される炭素量
(作成：小川敬多)

すなわち，構造用木材の利用に至るまでの炭素排出において，一概に結論を示すことは難しい。ここでは，より一般化に近しい知見となるように，各項目の単位体積当たりの炭素排出について，全20件の結果を平均した。その結果を図3-6に示す。これによれば，炭素排出において乾燥が占める割合が最も高く，約6割となっている。

　ここで，木材を利用することにより炭素固定量と比較する。木材の全乾密度を350kg/m³と仮定した場合の炭素固定量はおおよそ640kg-CO$_2$/m³である。このことから，木材は生産の段階で炭素は排出するものの，その量は固定量を下回ることが示されている。

3.2　サプライチェーンでの木質バイオマス利用の最適化

3.2.1　サプライチェーンで発生する木質バイオマス

　本項では，Woodcityを実現するにあたり，建築物の木造・木質化のために必要となる建築用材(製材，合板，集成材，CLTなど)を調達するまでの木材流通を順を追って整理する。建築用材を調達するまでの過程では，素材生産現場，製材加工の現場などで様々な木質バイオマスが発生する。これらの資源量や用途について考慮し，地域社会において余すところなく循環利用することができれば，持続可能な社会の形成に大きく貢献できるだろう。

　1章で想定されたWoodcityに使用された木質系建材(構造材)の使用量(表1-2，表1-3)をもとに説明する。地方都市の中心市街地が想定されており，建築物の多くが中大規模建築物である。このため，工法としてはRC造と木造の混構造やCLT造が選択され，使用される木質系構造材はCLTや集成材となっている。使用量の合計は約49,000m³，うちCLTが65%，集成材が35%である。

　これらの木質系構造材が調達されるまでには，素材生産現場での伐採・造材プロセスにおいて枝条・株元などの林地残材(図3-7)が，製材工場等において製材・加工端材(図3-8)がそれぞれ発生する。原材料の投入量に対して得られる生産品の割合である「歩留まり」を，プロセスごとに表3-2のように設定した。表3-2の歩留まりをもとにWoodcityに使用される木質系建材を確保するために必要となる素材(丸太)の量を逆算すると163,333m³と試算することができる。同時にラミナの製材工場や集成材工場，CLT工場において，素材量と木質系建材の使用量の差分である114,333m³の製材・加工端材が発生する。これらは木質ボード，紙製品，木質バイオマス発電などの原料(燃料)として有価で外部に流通することもあれば，発生現場の工場で直接燃焼しエネルギー利用されることもある。また，素材生産現場では素材量と同等の163,333m³の枝条・株元が発生する。枝条・株元を含む市場価値のない低質材は以前は林地残材として森林内に放置され

a) 枝　条　　　　　　　　　　　　　　　　b) 株　元

図3-7　伐採・造材プロセスで発生する残材（撮影：渕上佑樹）

図3-8　伐製材所で発生する端材（撮影：渕上佑樹）

表3-2　プロセスごとの歩留まり（作成：渕上佑樹）

プロセス名	歩留まり(%)	副産物の種類	副産品の使途
素材生産	50	林地残材	製紙用30％，燃料用70％
製材工場	50	樹皮，端材，おが粉	木質ボード6％，紙製品22％，敷料25％，燃料用7％，工場内熱利用40％
集成材・CLT工場	60	端材，おが粉	木質ボード6％，紙製品22％，敷料30％，燃料用7％，工場内熱利用35％
ボード工場	80	端材	工場内熱利用100％
製紙工場	50	黒液	工場内熱利用100％

資料：北村ほか（2022）（注3），日本CLT協会資料（注4）

ることが多かったが，近年では木質バイオマス発電の需要の高まりから，株元などの低質材は燃料用材等として搬出され，木質バイオマス発電所に販売されている。

3.2.2　木質バイオマス利用の最適化

3.2.1で整理した条件をもとにWoodcityに投入される木質系建材を調達する際の木質バイオマスのフロー図を**図3-9**にまとめた。ここでWoodcityの実現による効果を最大化するために注目したいのは以下の4点である。

単位：千m³

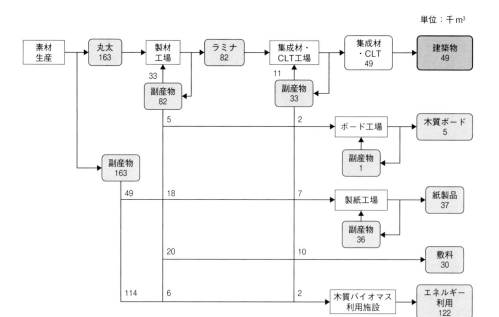

図3-9　Woodcityに投入される木材のフロー図（作成：渕上佑樹）

　1点目は木質ボード，紙製品，燃料用材など，木質系建材の加工の工程で発生する副製品を原料とした木質製品が，木質系建材の約4倍発生している点である。これらは木質系建材に比べて低い価格で取引されるものであり，輸送コストをかけられないため，できるだけ近い距離で地産地消されることが望ましい。低質な木質バイオマスの需要先となる合板工場や木質ボード工場，製紙工場などの加工施設が地域内に十分にあることが，主製品の安定供給の下支えとなる。

　2点目は，木質系建材の供給のためには，製材工場やCLT工場，集成材工場が必要となるが，これらの事業者が地域内にあるかどうかである。著者らの過去の研究においては，京都府や三重県の事例において，府県産材を地産地消する場合に，丸太の製材・加工施設が同一府県内にあるのとないので，地域内への経済波及効果（生産誘発額）に4倍程度の差があることがわかっている[9]。地域の林業・木材産業の活性化を目的とするのであれば，Woodcityに必要な木質系建材を地域内の製材・加工事業者から調達するべきである。言い換えれば，Woodcityを計画する以前に，地域の木材産業を調査し調達可能な木質系建材の種類と供給可能量を把握して欲しい。その上で，調達可能な木質系建材を中心とした木造建築物の設計を心がけることが望ましい。当然のことながら，どれだけ設計や材料開発に工夫を凝らしたところで地域内では調達できない製品が必要とされる場面も出てくるだろう。そういった際には，近隣地域，日本国内，外国の順に少しずつ調達の検討範囲を広げていけばよい。地域内で経済と炭素が循環する社会づくりのために重要なのは，まずは資源・エネルギーの地域内調達を第一に検討することである。

　3点目は，木材フローの終着点として，積極的なマテリアル利用により炭素固定量を増やすことがある。製材工場などにおける製材・加工プロセスで発生した加工端材を同じ工場内で燃焼させエネルギー利用することは合理的かつ森林資源を追加的に収穫することにはつながらないた

9)　渕上佑樹ほか4名（2019）：地域材の流通シナリオが対象地域への経済波及効果に及ぼす影響：京都府の産業連関表を用いた事例. 木材学会誌 65(4)：226-234.

図3-10　改質リグニンを使用した自動車用ボンネット(撮影：渕上佑樹)

め，気候変動対策に貢献する有効な使用方法と考えられる。しかし，森林内における丸太生産のプロセスで発生する林地残材については，木質バイオマス発電所においてエネルギー利用するよりも，マテリアル利用の方法を模索する方が良い。近年，森林から直接生産される一次木質バイオマス(PWB：Primary Wood Biomass)の直接燃焼によるエネルギー利用については，「エネルギー利用のさらなる増加が森林伐採量の増加につながるリスクがある」と欧州議会において指摘されている[10]。林地残材についてはこの範囲にないように思えるが，再生可能エネルギーに関する国際的な動向には注意を払う必要がある。

　近年では，既存のプラスチック製品を代替するものとして，セルロースナノファイバーや改質リグニンといった木質由来の新素材が開発されており，一部は製品化もしている(**図3-10**)。こういった新素材の原料としては，森林で発生する枝条・株元などの残材も利用可能であるため(形状や品質の均質化は必要であり，そのための設備導入コストなどはかかるので，コスト面で見合うかどうかとの問題はあるが)，林地残材はエネルギー利用ではなく，新素材であるバイオプラスチックの原料として利用することで，炭素固定量の増加による気候変動対策への貢献を果たす方が良いと考える。

　最後に4点目として，これだけの量の素材(丸太)を生産するために必要となる森林面積についての掌握の必要性である。1haの森林を伐採する際の素材生産量は，対象とする森林の樹種，林齢，育ち方や皆伐か択伐(間伐)かなどの伐採方法によって異なってくるが，50年生程度のスギ人工林の皆伐の場合，全国平均値で375㎥/haとのデータがある[11]。このデータから求めると，単純には419haの森林が必要となる計算になるが，必要とされる木質系建材の品質に見合った形状や強度の森林ばかりとは限らないことを考えると，さらに広大な面積の森林を確保する必要がある。京都府の事例では，生産した原木のうち製材用途に適したA材は40％であり，残りの60％は合板等の用途となるB材であった[12]。集成材やCLT用の丸太をA材と考え，この京都府の条件に照らし合わせて試算をすると，419haの2.5倍の1000ha以上の人工林をWoodcity用の木質系建材調達のために確保しておかなければならないことになる。加えて，同時に供給される大量のB材の供給先でもある。

　このようにWoodcityに端を発する木材フローを俯瞰すると，Woodcityが単に一定の都市エリ

10)　相川高信(2022)：欧州議会RED Ⅲを可決：再エネとしての森林バイオマスは現状比率を維持へ. https://www.renewable-ei.org/activities/column/REupdate/20220928.php(2022年11月30日閲覧)
11)　林野庁(2007)：平成19年度森林林業白書.
12)　京都府森林組合連合会(2016)：京都の木で木造建築物を建てるためのイロハ.

アを木造・木質化するだけのものではなく，地域での資源と経済の循環を真剣に考えて計画を行うことで持続可能な地域づくりへの貢献の可能性があることがわかる。

3.3　大径材の扱い[13)]

3.3.1　なぜ大径材が問題とされるのか？

　1990年代以降，持続可能な森林経営への動きやプラザ合意後の円高，産業植林の拡大や木材輸出国での木材産業振興等により，世界的な傾向として丸太貿易の減少や天然林材から人工林材への移行，木材製品貿易・高付加価値製品取引の増加がみられるようになった。日本においても，林産物輸入が丸太から木材製品へシフトし，また人工林由来の輸入材が増えていった。

　一方で，戦後の拡大造林による人工林が成熟し伐期を迎える中，1997年の消費税引き上げ後の住宅着工数の減少によりスギ丸太価格が急落し，伐採跡地における再造林が進まなくなった。その対策として長伐期化と間伐が推進され，その結果，人工林の高齢級化，そして大径材化へとつながった[14)]。そこで課題となるのが，大径材をいかに利用するかということで，このことは今後の国産材利用を考える上でも重要な点となっている。

　これまで，中径材を中心に加工を行ってきた日本の製材業にとって，大径材は製材機への投入が困難であることや生産性の低下が課題とされてきた。また，強度のばらつきが言及されることもある。これらは良質な役物丸太ではなく，一般大径材利用の問題であり，素材としての要素需要がないことが根幹の要因である。末口径が30cmを越えると住宅建築用材の適寸ではなくなるため，需要が極端に少なくなるとも言及されている[15)]。これは，大径材が一般的な105mmや120mmといった柱向けの製材をするのに効率的でないからである。

3.3.2　なぜ大径材の需要がないのか？　どのような技術が開発されているのか？

　大径材は大径であるがゆえに，「ヤング係数」，「密度」，「形状」，「含水率」のばらつきが中径材に比べて大きい。それが，丸太段階でも製材段階でも問題となってくる。さらに，製材後は乾燥段階での反りの問題も出てくる。これらの情報が中径材と同等に把握できないと，中径材と同様の使い道や同量の需要を期待することは難しい。これらの問題を解決し大径材の安定供給に向けた技術が開発されている[16)]。

　丸太段階の「ヤング係数」については，横断面内のヤング係数分布を表現するモデル式の開発によって，製材した場合のそれぞれの木取りのヤング係数が推定できることになった。さらに，それが製材品として要求される強度特性を満たしているのかを判別することもできるようになった。「密度」については，丸太木口面から製材品となったときの密度の推計が可能となった。「形状」については，大径材の側面画像と形状情報，樹心位置の把握，年輪数の測定を同時に行うこ

13）本節の内容は農研機構生研支援センター「革新的技術開発・緊急展開事業(うち先導プロジェクト)」の支援を受けて行った研究成果の一部である。
14）遠藤日雄(2018)：「スギ大径材問題」とその打開に向けて．山林(1610)：2-8
15）渕上佑樹，足立　亘(2018)：原木の大径化に対応した製材加工体制の調査．中部森林研究66: 59-62
16）森林総合研究所(2021)：大径材の使い方：丸太段階で強度特性を予測して目指す，要求性に応じた製材品の安定供給．大径材プロジェクト事務局．

とができる技術が開発された。「含水率」については，丸太内部の含水率を非接触で評価する方法の開発が進み，効率的な乾燥ができるようになった。これらの技術によって要求性能を満たすと判別された丸太が製材品となった後についても，長期的なたわみや荷重に関する検証によってその安全性が確認されている。

3.3.3　地域性と企業の動向に見る大径材利用

　製材業における大径材利用の地域別動向については，分析が行われている[17]。国産材製材協会会員企業へのアンケート調査によって得た情報をもとに次のことが明らかにされている。

- 大径材の使用もしくは不使用の要因として，地域性やそれにともなう消費樹種がある。特に，カラマツ・トドマツが中心の北海道や，ヒノキが多い中国地方では，スギを中心に扱う他の地域に比べて大径材の使用や量的割合が低い。その理由として，これらの地域および樹種において，大径材の増加がスギのようには顕著に見られないことが挙げられる。
- ボリュームの多さと大径材の価格が低いという点に関して課題となるのは，スギである。スギ大径材の価格が低い最大の理由は需要がないことである。中径材が中心的に伐出されている現状では，大径材の需要（もしくは使い道と言うこともできる）が高まらない（増えない）限り，中径材に比べて低い価格は維持される。
- スギの大径材の価格の低さが問題となるのは，今後大径材が増加してくる山側の在り方である。衰退が叫ばれて久しい国内林業であるが，中径材に比べて価格が低ければ，中径材の伐出に集中し，大径材は伐出されず，植林がほとんどされていない現状（木材生産から得られる収益は低いため，再植林，つまり再投資に回す資金を得ることができず，その結果，植林率が低くなる）では，中径材の供給もいずれ減少し，中径材・大径材ともに供給は先細るという将来的な問題が発生する。

　径が太い材を一括りにして大径材としての一般論を展開することはできないが，以上のことから，大径材利用の課題でまず注力すべきはスギであるが，同時にスギが多い地域ではより積極的な対応が見られ，大径材の増加が顕著であるということが結果的に積極的な対応を引き起こしていると言える。また，多くの企業が大径材の増加と今後の使用を検討しており，現在の中径材に対応した機械の減価償却後には大径材に対応できる機械を導入することや製品を変更することによる対応が期待できること，大径材需要は少ないと言われてきたが，需要は確実に存在しており，製材業において大径材消費拡大の兆しがあることも示している。

　一方で，関東地方と九州地方の工場からはスギ大径材の入手量（もしくは市場に出回る量）が減少していることも指摘され，需要に対して価格が低いままであるために供給サイドが市場に反応せずに，その結果，供給が追い付いていない状態が一部で起きている。大径材を積極的に利用しようとすることによって，今後，大径材の供給が難しくなる，もしくは価格が高くなること，次のステージとして，特にスギ大径材を「低価格であるから使う」のではなく「需要があるから使う」，すなわち大径材を加工した製品を求める消費者がいるから大径材を使うという状況に変化させる必要があり，そのためには需要そのものに関する研究だけでなく，機械や製材技術に関す

---

17) Iwanaga, S. *et al.* (2021)：Domestic large-diameter log use in the Japanese lumber manufacturing industry: focusing on regional differences. *J. For. Res.* 27 (1): 8-14.

る研究[15]によって付加価値の向上も同時に行っていくことが今後の課題となること，および，それらの開発された技術は，大径材で価格が著しく下落するスギに，そして，その大径材の増加が指摘されている地域を対象とし提供されることが望ましく，特に，大径材に関する今後の対応について「設備投資」と回答するような企業への提供は，高い効果が得られる。このように，部分的かつ段階的に大径材の増加に対応を始めることによって，かつて一斉に中径材利用にシフトしたような状況を回避することができ，適材（樹種および径級）適所（地域）での加工が進むことによって，国内森林資源の有効活用が進むことに貢献することになる。

3.3.4 大径材をWoodcityにどう活かせるか？

　実際の動きとして，コロナ禍を一因として発生した第3次ウッドショックを背景に，国産材の需要が高まり，集成材用のラミナ製材や外構用のフェンス材などへの大径材の利用を進めている企業も出てきている。コロナ禍という予期せぬ事態によって引き起こされた需要ではあるが，これまで問題となってきた大径材をどう活かすかというトピックに企業が向き合う契機となっていることは確かである。今後，輸入材の供給量が回復し，元の状態に戻るのか，大径材用の加工機械の導入が進み，国産材の供給が促進するのかは，本書のトピックでもあるWoodcityのような安定し，まとまった量の需要を確保することも大きく影響するであろう。そのためには，ラミナやフェンスに加え梁桁等にも利用の範囲を広げていくことも重要である。

3.4 木材利用とカーボンニュートラル

3.4.1 エネルギー利用による炭素負債（Carbon debt）の発生

　2050年までの脱炭素社会の実現に向けて世界各国が取り組みを進める中で，森林による二酸化炭素の吸収と，生産される木質資源の利活用には大きな期待がある。

　木質資源の利活用による気候変動対策の効果として，建築資材として使用される際の原材料製造・輸送・建設プロセスにおける省CO_2効果，エネルギー利用される際の燃料代替効果，建築資材や木製品として使用される際の炭素固定効果などがある。これらの仔細については第2.1.1項を参照されたい。

　これらの木質資源利用の気候変動対策への貢献は，木質資源が生産される森林が伐採後に再生することが大前提となる。そうでなければ，森林という炭素の貯蔵庫から木質資源という形で炭素を持ち出しただけで，大気中からの二酸化炭素削減には何ら貢献しないからである。特に木質資源をエネルギー利用する場合は，その時点で樹木が何十年もかけて大気中から吸収していた炭素を再び大気中に放出してしまうため，伐採後の森林の持続性を担保することに十分な配慮が必要である。これまで，木質バイオマスのエネルギー利用においては，燃焼時にCO_2を排出するものの，ここでの排出量はこれまでに樹木が光合成によって大気中から隔離してきた量と等しいため，伐採跡地の森林の持続性が担保される限りはカーボンニュートラル（数十年から数百年程度の比較的短い期間で炭素が大気中と樹木の間で循環する）であるとされてきた。

　しかし，2050年時点での脱炭素を目指す社会においては，現時点で森林を伐採しエネルギー利用してしまうと，排出量と等しい量の炭素を伐採跡地に再生する森林が完全に吸収するのは

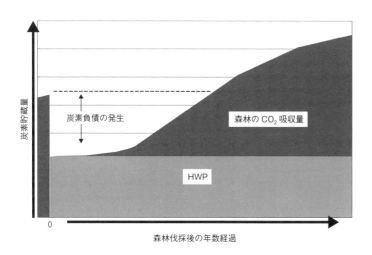

**図3-11 炭素負債(carbon debt),伐採木材製品の炭素固定量(HWP)を
一定程度考慮しても,伐採後の一定期間は炭素負債が発生する**
(Sterman(2018)を基に渕上佑樹作成)

2050年よりも先の話になってしまうため,2050年時点では炭素の負債(Carbon debt)が発生してしまう(図3-11)[18]。この点や,単位発熱量(J)あたりのCO_2排出量が化石燃料に比べて木質バイオマス燃料は全般的に多いことなどを理由に,現在,森林から生産される一次バイオマス(PWB:Primary Wood Biomass)のエネルギー利用の是非については国際的にも議論になっている。PWBのエネルギー利用については国際的な議論を注視する必要がある[19]。

3.4.2 HWPの促進と循環型リサイクル

一方で,建築用材などのようなマテリアル利用の場合は,使用している期間中は製品中に炭素を貯蔵しているため,マテリアル利用を行うことで大気中への炭素放出を一定期間遅らせる効果が期待できる。この一時的な炭素貯蔵効果は,伐採木材製品(HWP:Harvest wood product)と呼ばれ,森林の二酸化炭素吸収機能の追加的な要素として日本の二酸化炭素削減目標に組み込まれている。2030年度の日本の温室効果ガス排出削減目標は,基準年である2013年度に比して46%(約6億4700万t-CO_2)であり,このうち森林による吸収量として3120万t-CO_2,HWPには680万t-CO_2の効果が期待されている(図3-12)[20]。

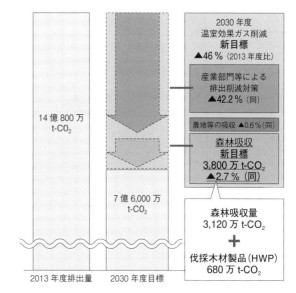

**図3-12 新たな温室効果ガス排出削減と森林吸収量の目標
(2030年度)**(森林・林業・木材産業への投資のあり方に関する検討会 2022)

建築用材としての国産材の利用量は2014年から2019年にかけて微増しており,HWPも日本

---

18) Sterman, J. D.(2018):Hold on — is burning biomass bad for the climate? *Energy World* May/2018.

19) 相川高信(2022):欧州議会RED Ⅲを可決:再エネとしての森林バイオマスは現状比率を維持へ, https://www.renewable-ei.org/activities/column/REupdate/20220928.php(2022年11月30日閲覧)

20) 森林・林業・木材産業への投資のあり方に関する検討会(2022):カーボンニュートラルの実現等に資する森林等への投資に係るガイドライン中間とりまとめ.

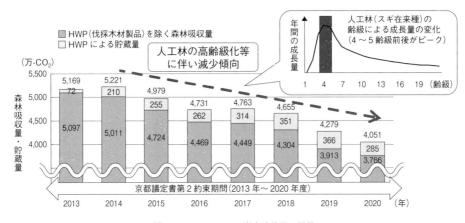

図3-13　HWPによる炭素貯蔵量の推移
（森林・林業・木材産業への投資のあり方に関する検討会 2022）

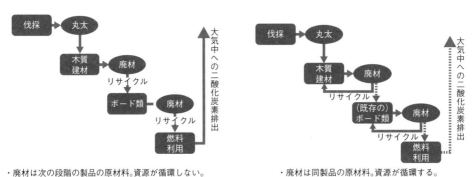

a) オープンループリサイクル　　　　　　　b) クローズドループリサイクル

図3-14　木材を例にしたオープンループリサイクルとクローズドループリサイクルのイメージ（作成：渕上佑樹）

全体の総量としてみた時には概ね増加傾向にある（**図3-13**）[19]。現在の日本の住宅の平均的な寿命（半減期）については，35年とするデータ，65年とするデータなど様々なものが示されているが[20, 21]，人工林の代表樹種であるスギの植林から収穫までに要する期間（少なくとも40年以上）と比べて長く利用しなければ，木材利用の方法としてカーボンニュートラルとは言えないだろう。建築物の長寿命化や，建築解体後の解体木材のリユースおよびマテリアルリサイクルによって，大気中への炭素放出までの期間を少なくとも次世代の森林が収穫期を迎えるまで以上には延長させる必要がある。また，樹木の伐採時に発生する端材・株元や建築用材の加工工程で発生する端材についても安易にエネルギー利用するのではなく，マテリアル利用を積極的に行うことで，森林から持ち出した炭素を可能な限り多く，長い期間木材中に固定することを考える必要がある。

21）　IPCCガイドライン（2019）：https://www.ipcc-nggip.iges.or.jp/public/2019rf/index.html（2022年11月30日閲覧）

22）　小松幸夫（2002）：建築寿命の推定．建築雑誌 117：28-29.

　これまでの木材利用の概念では，建築資材（製材・集成材等）→ボード類→燃料のように，価値の高い利用方法から価値の低い利用方法に，階段を下りるようにリサイクルの段階が変わり最終的にはエネルギー利用をすることで完結していた。カスケード利用，あるいはオープンループリサイクルと呼ばれる一方通行のリサイクルだが，今後は建築資材として使用したものは可能な限り再び同等の建築資材としてリユースあるいはリサイクルし，リサイクルの最終段階であるエネルギー利用まで段階を進めない（バイオマス由来であっても燃焼による二酸化炭素排出を極力避ける），循環型のリサイクル（クローズドループリサイクル）システムの構築が必要である（**図3-14**）。

3.5　材料情報の共有，人材育成と意識改革

　先進国の多くで林業・林産業・木造建築業を包括するような森林資源産業分野が「産業」として成立し，地域や国に貢献している状況がある一方で，我が国のこれらの分野を巡っては規模も影響力も小さいことから，例えば国産木材の需給流通に関わる整備などは十分とは言い難い。いろいろ考えられる中で一つには林業・製材業・木材流通業・林産業・建築業など，材料としての木材を受け渡していく業種間でコミュニケーションや情報の伝達が不足していることが考えられる。伝統的な流通経路についても，歴史が長いだけに他の製造業などと比較してわかり難い側面のあるところは否定できず，開かれた世界とは言い難い。例えば，設計者が望む材料で，長さ（スパン）・断面寸法・ヤング係数などの関係から国産材では入手困難となる場合があると言われ，輸入材や輸入材による集成材に置き換わる場面は多くあると考えられる。大抵の場合，長尺大径材に類する材のように思われるが，このような場面で，国産材がスムーズに対応できるなら輸入材から置き換わる可能性が多くあると考えられる。一方で，上流側ではそのような需要は少ないと判断している可能性があり，製品をストックする余裕もないようなことから生産しないというようなことはないだろうか。そうすると設計者としては，材のグレードが明確で入手時間と価格が読める材料を選択しようと判断するのは合理的であり，自然な流れであると思われる。現状では国産の建築用材の品揃えは設計者の要求を満たしているとは必ずしも思えない。木材の生産者と利用者が双方の事情を理解し合えているとは言い難く，国産木材の需要を拡大し木材生産効率を上げようと考えるなら，需給者双方に情報交換するコミュニケーションの余地が残されている。

　地球環境をグローバルな視点で考えるなら，我が国の木造建築に国産材を使わねばならないということには必ずしもならない。言い換えれば，国産材利用促進のためにはそれなりの努力や工夫が必要である。森林資源に関わる我が国の生産・加工・流通のプロセスにおいて改善や合理化の余地が残されている。現状では，丸太が安価であるなどの理由から山元への還元が見込めない一方で，国産材の加工流通コストには割高感があり，輸入材や他の競合材料に比べて競争力が劣る現状につながっている。また，山元側は間伐材が結果的に無償提供となることに疑問を抱いていないのではないだろうか。おそらく，所有している山林の整備をしてもらっている感が上回っているのであろう。国産材はこのような状況の上に成り立っていると考えられる。一方で，建築を木造で計画するならコスト高になるという言説が罷り通っているように感じる。このような矛盾は関係者が皆で取り除く努力が必要である。最近では自治体の精力的な努力により，公共建築物における木材利用の促進に向けた建築物の建設コストに関する調査分析が成され，計画次第で

コスト競争力のある木造の施設整備が可能であることが明らかになっている[23]。このようなことからWoodcity構想を推進しようとする場合，材料入手に関する情報共有や，森林と都市を結ぶサプライチェーンを考える必要性は高いと考えられる。

　現状として，森林と都市を結ぶ業種間で様々な分断を生じている原因は何なのか。他の製造業とは異なる文化があり，それぞれの業種間で全体を俯瞰的に見渡して互恵的発展を考える主体は見え難い。森林資源を扱う長い歴史と文化をもつ伝統がために，生産効率や価格などに関して産業としての核心的問題を見直そうとする主体の存在が見え難くなっている。これには我が国の教育研究の世界にも極めてよく似た構図がある。例えばWoodcityの推進を支えるはずの学問分野として考えられる林学，森林資源学，林産学，木材材料学，土木・建築学，都市計画学などの分野間には情報共有の連携がほとんどなかった。学問的文化が異なることもあり，相互理解・役割の分担・協働する仕組みや人材・教育・研究の交流も活発とは言い難い状況の中で，現在では消滅した分野もある。川上〜川中〜川下〜木造建築を結ぶ分野を縦横に網羅包含し人材を教育育成する枠組みが我が国の高等教育機関にないことが，充実した資源を活かせないでいることの一因であることは間違いないだろう。第2.1節で触れたように，19世紀後半以降，我が国のWoodcityに関連する分野も欧州の学問体系を導入して相応の成果を上げたとみられるが，学問体系の構築や産業の発展には未だ不十分な感が否めない。今日，これら関連する分野はこの延長線上にある訳で，我が国の地上資源が充実してきた現在，Woodcityを支える関連分野を総合的に教育研究し人材を育成する機関の重要性は高まっている。

　このように考えるなら，Woodcityを推進するために関連分野の全体を俯瞰しサプライチェーンの再構築と効率化を図ることが大切と考えられる。そのための対応策の一つとして，森林と都市を結ぶ情報伝達の仕組みにおいて基礎となる共通フォーマットの下でデジタル情報の共有およびこれらをコントロールすることのできる人材の育成と運営システムを構築することが鍵になると考えられる。これに関して，**図3-15**は，素材生産者的立場の「川上」と，材料製造業的立場の「川中」，そして設計者・工務店などの建築業が関わる「川下」の関係者相互の情報整理と集約および共有化を図ること，需給者双方が求める材料の品質，性能，形状，数量などに関する情報を共通フォーマットの下で迅速に共有・把握し，コントロールする体制と人材育成の役割に関する整理を試みたものである。

　まずは川下として，木造設計技術者の育成は当然のこととして，設計者が選択する材料や量，望む材料の形状・性能・加工に関するデジタル情報を川中・川上に発信することで，材料調達に関するデータ共有体制を構築することが大事である。川下からの要求がない限り，上流側には需要がないものと見做されてしまう可能性がある。特にスパンが長い・断面が大きいなどの特殊な材料と見做されてしまう材であっても，Woodcityの潜在的な需要は増加していると考えられる。採算が合わない，あるいは需要がないとの理由で却下されて入手の見込みが薄い場合であっても，要求は発信し続けることで輸入材から国産材へ供給体制が変化することも考えられる。

　次に川中としては，「設計者・建築サイドが望んでいる材料」と「川上の資源情報」とのマッチングを図る役割がある。設計者の望む材料が国産材で供給可能なのか，あるいは輸入材に頼るのかは，この段階で左右される場合が多いと考えられる。入手可能であるなら国産材を選択する設

23）横浜市建築局公共建築部営繕企画課(2016)：横浜市の公共建築物における木材の利用の促進に関するガイドライン.

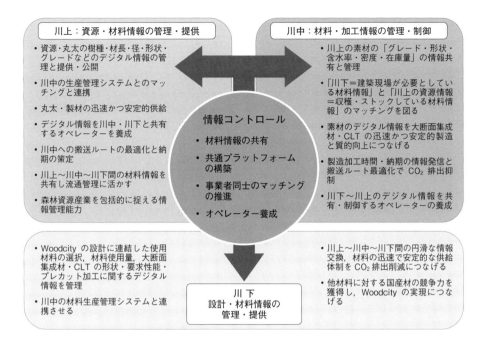

図3-15　Woodcityの実現に向けた情報共有と人材育成（作成：佐々木康寿）

計者はいるはずと思われる。これらのデジタル情報の整備が，需要者が望む材料の迅速かつ安定的供給と質的向上につながり，これにより川中が他の「製造業」と同じような位置付けになるのではなかろうか。また，製造加工に要する時間や納期の情報を発信し搬送ルートを最適化することで，Woodcityの特長でもあるCO_2排出削減につながると考えられる。

　以上を踏まえて川上としては，丸太の樹種・材長・直径・形状・グレードなどのデジタル情報を共通フォーマットの下で管理し，提供・公開すること，そして，川中の生産管理システムと設計者の要求とのマッチングをアレンジすることが森林資源産業に大事であろう。現状で国内の木材需要が急に増えるとは考えにくく，輸入材がどのようなところに使われているか，理由も含めて分析し，需要を国産材に置き換えていく余地があると考えられる。設計者の声を聞き，望まれている材料の供給に応えることで国産材の利用拡大につなげることができると考えられる。また，Woodcityの特長を維持するためにも搬送ルートの最適化と納期を策定する体制を構築することは大事だろう。さらに供給者にとっては森林のどこにどのような樹木があるのか，座標（位置）データを蓄積しておくことも重要であろう。

　木材や木質材料のサプライチェーンにおいては，天然材料であることが一種の隠れ蓑のようになって，欲しいものが欲しい時に必要な量を入手できる訳ではないことをユーザーに強いてきた風潮が少なからず残っており，独特の世界観を社会に定着させてきたように思われる。気がつけば，グレーディングに代表される品質管理や商品供給体制などの面において，Woodcityの市場で国産材が入り込む余地が輸入材を含む他材料に侵食されているように思われる。まずは川下から川上までが一つの共同体となって，これらの情報を共通のフォーマットの下でコントロールすることのできる人材を育成し，国産材でも対応できることを示すことがWoodcityの実現に向けた原動力になると考える。

第4章　Woodcityのストーリー

4.1　北欧・カナダの脱炭素都市

　材料としての木材が持つ環境優位性を生かすことによって今後直面するであろう都市環境問題に対応しつつ地域の利益につなげようと努力しているのが北欧とカナダであろう。都市の脱炭素化に関する北欧の事例には多様な道筋が見て取れるが，その根底には，木材が持つ環境優位性を最大限に活かすことが，仮に初期投資が嵩んだとしても，環境的価値は経済的価値に優先するという考え方があるように思われる。本節では，北欧とカナダの事例とそこから読み取れる「社会と環境と経済」を結びつけようとする森林資源産業戦略を見ながらWoodcityでつくる持続可能な社会の可能性と今後の展望について考えたい。

4.1.1　ヘルシンキの環境配慮型都市

　図4-1（2017年当時）はヘルシンキのイェトケサーリ埠頭地区における持続的・革新的区画構築プロジェクトである。このプロジェクトは，フィンランド国立研究開発基金とヘルシンキ市が共同で主催した国際設計コンペで，環境配慮型都市の実現に向けた官主導の取り組みである。このコンペでは異なる分野のフィンランド人と国際的専門家が互いに協力することを求めており，都市やコミュニティが地域の開発において，より大胆な目標を設定し新しいビジネスモデルを計画に入れるよう奨励している。コンペそのものは意志決定者，開発業者，デベロッパー，建設業者，市民（生活者）に対して今後直面する可能性のある都市環境問題に関心を持たせようとするもので，提示された開発課題は，低炭素化，食糧問題，水の管理，スプロール現象の抑制というもので，必ずしも木材利用がテーマであったわけではないと考えられる。この内容は，我が国の「都市の低炭素化の促進に関する法律（エコまち法，平成24年12月4日施行）」に類似する構想であると思われる。採択されたのは英国に本拠をおく多国籍チームで，市民が社会の持続可能性という目標を達成することができるようイェトケサーリ地区を開発することでフィンランド初のカーボンニュートラル地

図4-1　ヘルシンキ西部埠頭地区の持続的・革新的区画構築プロジェクト
（撮影：山田政和）

図4-2　ヘルシンキ西部埠頭地区の8階建住居用木造建物
(撮影：山田政和)

区を構築するための革新的モデルを提案している。一つは素材の効率性で，とりわけ低炭素戦略として建物を木造とする提案を行っている。二つ目はリアルタイムのCO_2排出情報から食料生産に至るまで，市民が中心となって解決策を提案することである。三つ目は雨水の管理から水の消費量最小化に至る水問題の解決策の提案，四つ目は都市のスプロール現象を抑制するための厳格な市街区域設定による都市の緻密化で，これをCO_2排出量削減につなげようとする提案になっている。これらの提案は単にイェトケサーリ地区のためだけでなく，ヘルシンキとフィンランドにとっても普遍的であると認識されているようである。

　チームの木造建築担当者(Stora Enso社)によれば，オフィス向けに12,000 m²，ホテル向けに7,000 m²，住居用に8,200 m²の用地を開発する計画で，**図4-2**に示す建設中の住居用建物では壁にLVL(単板積層材)を2,600 m³投入している。LVLの環境効果はともかく，このLVLはフィンランド企業(Stora Enso社)が製造し，3.2 m×19.8 m(300 mm厚)のものをつなぎ合わせて壁体として利用している。また，この企業はオーストリアにも生産能力140千m³のCLT工場を有している。CLTは精度の高い施工が可能で，RCの上部にCLTを積み上げることが可能であるが，これらの建物では強度的に優れるとの判断からLVLが採用された。LVLは一般的には軸材料として認識されているが，ここでは面材料として利用している。防耐火規制については他のEU諸国と同様に厳しく，木材利用を前提としている同地区においては，スプリンクラーの積極的設置とプラスター(石膏)ボードを併用することで，1時間耐火(床は2時間耐火)を実現している。面材料を利用するパネル工法は，工事が天候に左右されないため工期が短くて済むことや，重機が少なくて済むなどの建設コストに関係するメリットがあると認識されている。一つの層を組上げるのに2日，8層では1か月程度を要するとのことである。この企業はLVLやCLTを使う建物の普及を図るため，設計用の構造解析ソフトを提供しているとのことである。外壁の仕上げには変色を防ぐためにニュージーランド産ラジアータパインをベースとするアセチル化処理木材を使用し，1層の仕上げに約1週間を要している。図に見る通り工事現場には囲いを設けていない。これは工事の様子を見せることで市民に関心を持ってもらうことを意図しているためである。同時期に中央駅の隣接地で並行して建設中であった中央図書館(既に完成)でも同様の対応がとられていた。

　図4-1に示す2棟の木造建物は，RCなどの他の構造に比べて建設コストが現状では10〜15％程度高くついているが，工期短縮などによるコストの吸収や対環境効果を考えるなら，現状価格との単純比較にはならないというのがこのプロジェクトの考え方で，ヘルシンキ市が今後に計画

している低エネルギービル建設の実現に貴重なアイデアを提供することになると考えられている。すなわち，これらの提案が持続可能な開発目標(SDGs)への重要な視点を提起していると受け止められている。提案はよく練られた総合的なもので，ヘルシンキ市当局は消費者指向のプランニングによって裏打ちされたカーボンニュートラル地区の構築と，市民に権限を持たせるというコンペの目的を支援する役割を担っている。また，フィンランド国立研究開発基金は，イェトケサーリ地区が持続可能なエネルギー革新的都市への体系的移行に貢献する要のプロジェクトであり，持続可能性とエネルギー効率を改善するための都市計画が重要であると考えている。我が国の「低炭素法」および「改正都市再生特別措置法」などの実践段階を例示するものと考えられるかもしれない。コンペでは低炭素都市ソリューションに関する総合的解決策を求め，経済的に持続可能で高度な建築上の環境を作り出しながらエネルギー効率を改善し，同時に二酸化炭素排出を削減する国内・国際的目標を達成することができることを証明しようとしているようにみえる。

4.1.2　ヘルシンキの低炭素木造住宅団地

　ヘルシンキ・ヴァンター・エスポーの3市の境界地域にホンカスオ地区がある。緩やかな丘陵地帯の楕円状の地域に約400世帯が入居を予定するフィンランド初の木造住宅団地が建設中(図4-3，2017年当時)である。地元産のスプルース製CLTを使用するブックシェルフ型の集合住宅で，8層まで積み上げることができる設計がなされている。前述のイェトケサーリ埠頭地区のプロジェクトと同じようにコンペによるもので，採択されたarchitect SAFAによれば，当団地建物における要求耐火性能はクリアーしているが，CLTで箱を構成するブックシェルフ型であるため各戸が太鼓のような状態となり，防音対策が課題であるとしていた。壁厚は20 mm×3＋20 mm×4で，さらに断熱材として300 mm厚のミネラルグラスウールを使用し，スラブは30 mm×3＋20 mm×2，外壁はポリマー系フィルム状の塗装を施し，地上階は耐火塗料を使用している。また，小断面材は階段等に利用することで用材利用率の向上に配慮している。ちなみに，この集合住宅の管理運営は，不動産業者1社当たりが1ゾーン(50戸)を担当し，賃貸・分譲の両形式がある。価格は3,600 EUR/m²とのことで広さに応じて数タイプが設定されており，日本の住宅事情と大差なく70～130 m²/戸となっている。

　この集合住宅は低炭素団地を意識したもので，前述のイェトケサーリ埠頭地区のプロジェクトと同じように建築材料として木材を多用しているが，それ以上に特徴的なことは入居者に低エネルギー生活を要求して

図4-3　ヘルシンキ郊外の低炭素木造住宅団地
(撮影：佐々木廉寿)

いることである。すなわちカーボンフットプリント，炭素固定量やエネルギー消費量などを測定し計算することを入居者に要求している。この背景には社会的な環境意識の高まりによる住民同士の交流やコミュニティの形成を促すと同時に，フィンランドが自国の森林資源に関する精度の高いデータを有していることを挙げることができるだろう。国として森林資源および木材の炭素固定量の把握を重要視していることがよく理解できる。これらに関するデータの蓄積は他のEU諸国より豊富であるため，環境収支の評価に関してEUに歩調を合わせることは必ずしも自国の政治的有利とはならないと認識していることがうかがえる。

4.1.3　ロンドンのTimber First Policy

ロンドン・ハックニー地区では2012年にTimber First Policyという条例が制定され，ダルストンレーンという街に**図4-4**に示すような10階建て（121戸）のCLT建築物がある（2015年3月着工，2017年7月竣工）。敷地面積は16,000 m^2（内オフィス面積は3,460 m^2），使用するCLTは3,852 m^{3}で世界最大量といわれている。設計はWaugh Thistleton Architects（https://waughthistleton.com, 閲覧日：2023年9月13日）で，この建築事務所は2009年にも同じハックニー地区にCLTによる9階建てマンション（口絵）を建設し，世界的な話題となった。プロジェクトの関係者らは木材の建築利用を世界的に普及させることを意図しており，従来，安全面や技術面でハードルがあった大型木造建築を実現することでその可能性を示し，普及を促進するとともに，環境問題に貢献しようとしている。このことが契機となってハックニー地区では木材を利用した建築の推進を図るためにTimber First Policyを制定し，このような建物が実現することとなった次第である。前

図4-4　ロンドン・ハックニー地区ダルストンレーン街の10階建てオフィス＋住宅ビル（RC+CLT）
（提供：Waugh Thistleton Architects，撮影：Daniel Shearing）

述のヘルシンキのプロジェクトが官主導であったのに対し，こちらは産主導で進行し，その後Timber First Policyが制定された。同地区では今後，木造建築が普及する気配があると受け止められている。この建物の環境負荷低減効果に関する建築事務所および施主側の説明は，使用材料の重量が一般的なRC造に比べて80％削減されること，同じく材料の運搬コストが80％削減されること，二酸化炭素の放出量が2,400 t-CO$_2$削減されることなどを謳っている。また，施主は，「重要なのは建物の高さより木材の使用量であること，CLT建築物が一般的になる社会にしたい」という考えを持っているとのことである。この地区のTimber First Policyは，この

プロジェクト進行の様子を見た行政の後押しの下で制定されと言われており，CLT，LVL等の木質材料による大型木造建築が当たり前になる気配がある。この考え方は，建築物や都市の低炭素化を図ろうとする強い意図が汲みとれると同時に，我が国のように森林資源が蓄積過多の状態にあって森林の整備が急がれる場合には，大事な考え方であろう。

4.1.4　ノルウェーの持続可能な建築のショーケース[1,2]

　Mjøstårnet(ミョスターネット，ミョーサ湖タワー)は18階建て，高さ85.4mの木造建物である(図4-5)。基礎工事は2017年4月に，木構造の据え付けは2017年9月に始まり，2018年6月に構造上の完工をみている。建物は2019年3月に完成，オープンしている。延床面積は11,300 m^{2}で，オフィス，技術室，32室のアパートメント，72室のホテル(Wood Hotelと名付けられている)，15階にはホテルのスイートルームが1室，17階にはカフェテリア，レストランと会議室，そして屋上テラスを備えている。屋上テラスには，居住者，ホテル客，およびオフィス従業員がアクセス可能で，他の客はアクセスカードを購入すればテラスに入ることができる。

　建設地は，オスロの北約140kmに位置するBrumunddal(ブルムンダル)という小さな町で，オスロ空港から車で約1時間の所要である。建物はリレハンメル方面に向かう高速道E6のすぐ側にあり，ノルウェーで最も大きいMjøsa(ミョーサ)湖に面している。「Mjøstårnet(ミョスターネット)」はノルウェー語で，「ミョーサ湖タワー」という意味で，この建物建設推進の原動力は当地出身のデベロッパーの熱意によるものである。彼らは，この建築プロジェクトが，Green shiftのシンボルとなり，ローカルな資源・サプライヤー・技術力および持続可能な材料を活用することで世界で最も高い木造建築が実現できることを証明しようとした。Mjøstårnetに使うスプルース集成材は建設現場から15kmの距離にあるMoelven社の工場で製造している。SDGsの達成に貢献することを謳うMjøstårnetは完成前にアパートメントが完売するなど，「持続可能な建築のショーケース」と言われている。

　MjøstårnetのオーナーはデベロッパーのAB Invest社である。その他，当該プロジェクトにはHENT，Moelven Limtre，Sweco，Voll Arkitekter，Rambollの各社が参加し，この革新的開発プロジェクトに意欲的に取り組んだ。建物に使われる集成材はMoelven Limtre社が生産し，CLTはStora Enso社製

図4-5　ミョスターネット(ミョーサ湖タワー，ノルウェー)
(提供：Moelven，撮影：Anti/Jens Edgar Haugen，https://www.moelven.com/mjostarnet/，閲覧日：2023年9月11日)

1)　Abrahamsen, R.(2017)：Mjøstårnet—Construction of an 81m tall timber building. 23. Internationales Holzbau-Forum IHF 2017, Garmisch.
2)　Abrahamsen, R.(2018)：Mjøstårnet—18 story timber building completed. 24. Internationales Holzbau-Forum IHF 2018, Garmisch

である。使用樹種は構造部材として主要なノルウェースプルース(*Picea abies*)の無処理材である。屋外に曝されるパーゴラにはスコッツパイン(*Pinus sylvestris*)のCU含浸材(耐久性を付与するため木材表面に銅を含浸させた防腐処理材)が使われている。木製の外壁被覆材は耐火性を持つものでWoodify社製である。

　主要材料の使用量は次の通りである。ただし，これらの中には外壁要素は含まれていない。a)集成材: 1,400 m³+100 m³(主構造部+パーゴラ，Moelven社)，b)CLT: 450 m³+85 m³(エレベーターおよび階段部+アパートメントバルコニー，Woodcon社/Stora Enso社)，c)LVL: 650 m³(床5,250 m²，Metsa Wood社)，d)コンクリートスラブ: 1,100 m³(3,675 m²)，e)接合金物: 120 ton (Nordic Steel社/Gunner Hippe as社)，これらの木質材料を合計すると2,685 m³である。

　耐火設計に関しては，この建物の主要耐荷重システムの耐火方針は120分耐火，床のような第二次耐荷重では90分耐火でなければならないとしている。これにより，Mjøstårnetが耐火性を有することの理由として，以下の6つが挙げられている。1)集成材構造物であること:集成材は非常に大きな断面寸法を有しているため，火災時の耐荷重能力を保持している。集成材は火災時にお互いに影響が出ないように配置されている。2)スプリンクラーの設備:最新鋭のスプリンクラー設備が建物の内外の至るところに設置されている。従来のスプリンクラーシステムとの違いは，大容量の水を制御できること，独立した別系統の給水設備があること，および高度な監視機能があることである。3)消防隊の円滑化:迅速かつ効率的な消火を可能にする画像設備専用制御室を設けている。火災報知器は消防隊に直結し，消防隊の給水能力は倍増されている。4) Fire strip:火災が発生した場合，木構造の最も弱い部分は，接合部に使用される鋼である。したがって，集成材構造では，接合部および接合部の鋼板およびだぼを保護するためのFire strip(防火帯)を有している。この防火帯は，摂氏150度で20倍に膨張する材料でできている。Fire stripは鋼を温度上昇から保護し，開口部を閉じ，延焼を防止する。5)防火区画:各フロア，アパートメント，ホテルの各部屋は，延焼を防ぐための独立した防火区画となるよう設計されている。6)ファサードの延焼防止:外壁要素は難燃材料で処理されており，ファサードの空洞は各階で切れている。

　このように，Mjøstårnetの実現とMoelven Limitre社の取り組みは次のような観点からSDGsの3，9，11，12の達成に貢献することを謳っている。建物に木材を利用することで室内の空気質が改善され，人々のより良いパフォーマンスを導き出すので，『SDG3:健康と幸福』の達成に貢献する。集成材の利用は温暖化ガスの排出を抑制するので，『SDG9:産業・インフラの革新』の達成に貢献する。集成材の利用は建物の強靭化と持続可能性に貢献するので，『SDG11:持続可能な都市』の達成に貢献する。集成材は鉄鋼や鉄筋コンクリートのような従来の建築材料よりも環境に優しい材料であるので，『SDG12:責任ある消費と生産』の達成に貢献する。

4.1.5　ベルリンの木造再開発地区

　旧東ベルリン地区ではDB(ドイツ鉄道)ベルリン中央駅など公共施設の移転を始め，古ビルのリノベーション，集合住宅の新築など再開発が盛んに行われている。ここで紹介するのも中心部近くの木造集合住宅である。

　図4-6はエスマルヒ通りにあるオフィス兼住居ビルである。外観からはほとんど木造とは思え

図4-6　ベルリン・旧東地区エスマルヒ通りのオフィス兼
　　　　住居ビル(撮影：佐々木廉寿)

図4-7　ベルリン・旧東地区ボイエン通りの集合住宅群(撮影：佐々木廉寿)

ないが，施主の意向により隣接するビル(ア
パートメント)の雰囲気に合わせる外観とし
ながら，内装は木質感を漂わせる趣向となっ
ている。地上階には建築設計事務所が入り，
この建物の模型や接合部のディテールが展示
されている。2〜7階は住居部になっている。
集成材と接合金物を使ったオーソドックスな
ポスト・アンド・ビーム構造である。床構面・
壁面にはCLTを使用している。図4-7はボ
イエン通りにある集合住宅群で，これらも外
観からは木造とは思えない雰囲気であるが，
CLTを多用した建物である。外観デザイン
の異なる5棟がほぼ同時期に建築された。よ
く見ると木製ルーバーが随所に取り付けられ
ている。さらに建物の裏側に回ると，アコー
ディオン式の木製ブラインドがベランダを室
内側に取り込むようにして外側に取り付けら
れている(図4-8)。ブラインド材の劣化をで
きるだけ防ぐ観点からはベランダの
内側(窓のすぐ外側)に取付けるので
はないかと思われるが，おそらく冬
季の熱環境を考えてのことと考えら
れ，少し厚めの板材を使用すること
で耐久性にも配慮しているようであ
る。トータルコストを見越した上
で，材が傷んでくれば交換するとい
う考えではなかろうかと思われる。
これら住宅群の隣接地には独連邦軍
病院があり，また，近隣には経済エ
ネルギー省，フンボルト博物館，メ
ルキュールホテル，新しい中央駅な
どが立地し，今やEUの実質上の首
都としての風格が漂う，極めてゆったりとした余裕を感じさせる街並に，このような木造建築が
平然と存在している。
　以上の例では，外観に木材を現しで使うことには必ずしも拘ってはいないことがうかがえる。
プラスターボードによる耐火被覆および化粧が成されており，外観からは木造とはなかなか気が
つかない。一方で，人が直接触れる居住空間では積極的に天然素材を活かし，使用量や環境負荷
低減効果に価値観を置く姿勢がうかがえる。木材の投入量を多くすることで二酸化炭素排出削減

図4-8　ベルリン・旧東地区ボイエン通りの集合住宅群（アコーディオン式の木製ブラインドがベランダを室内側に取り込むようにして外側に取り付けられている）（撮影：佐々木廉寿）

および炭素貯蔵の環境効果を稼いでいることが社会的に受け入れられているように感じられる。このような街並と建築を見ていると，木材を大量に使うことが，空間と人間を守る機能を有していることに気がつく。社会を覆うこのような状況は，北欧・中欧地域の森林資源と関連産業および労働力の充実振りによって支えられているように思われる。

4.1.6　カナダ・ブリティッシュ・コロンビア州の中大規模木造建築物

　カナダの陸地面積は10億haであり，そのうち森林面積は3.47億haで，38％が森林で覆われており，カナダの森林面積は，ロシア，ブラジルに次いで第3位である。森林蓄積量ではカナダ西海岸のブリティッシュ・コロンビア州（British Columbia，以下BC州）で蓄積量が最も多い。BC州の森林面積は5,500万haでカナダの森林面積の16％を占め，林業就業者数は約15,000人，2019年の針葉樹丸太生産量は5,360万㎥，針葉樹製材生産量は2,280万m³，2020年の針葉樹製材輸出量は1,830万m³であり，BC州は豊富な森林資源を背景として，カナダの中でも林業や木材産業が最も発達している州である[3]。

　2009年10月，BC州政府はWood First Act[4]という州の法律を施行し，BC州政府が発注する建築物は必ず木造とする検討を行うことを義務付けている。Wood First Act制定前には，BC州の建築基準であるBC Building code（以下BCBC）の緩和が行われ，木造住宅はスプリンクラーの設置を条件に6階以下，延床面積7,200m²まで建設可能となった。さらに，2018年には延床面積を9,000m²まで緩和，2019年3月にはカナダの建築基準であるNational Building Code of Canadaの2020年の改定を待たず，木造建築の階数を12階以下まで緩和するという発表を行っている。BCBCの緩和の背景には，Wood First ActやClean BC計画[5]等のBC州の政策があり，木造建築物により雇用を促進し，BC州の高付加価値産業を成長させ，低炭素社会を実現するためである。

　また，カナダには環境に配慮した建築物を対象にしたLEED（Leadership in Energy & Environmental Design）という認証システムがあり，上からPlatinum，Gold，Silver，Certifiedと4段階に格付けされている。2019年に視察した中大規模木造建築15件のうち11件でLEED認証を取得もしくは取得予定で，Platinum 2件，Gold 7件，Silver 1件，Certified 1件となっており，Clayton Community HubではLEED認証よりも高い性能が要求されるPassive House認証を取得

3）林野庁 木材貿易対策室：「カナダの森林・林業」令和4年1月．
4）BC州政府が発注する公共建築物は木造とする検討を義務付けた法律。
5）BC州政府による2023年にすべての新規建築物を「ネットゼロエネルギー対応」にする。

図4-9 Tsawwassen Mills Shopping Centre
屋根に使用されているNLT（撮影：柳田智弘）

予定であった。中大規模木造建築は，大量の二酸化炭素を固定できるということから，LEED認証などの環境評価制度の審査で評価されやすく，中大規模木造建築と環境性能とは一対のものとして考えられている。

　本項では，このような背景のもとで実現したBC州の中大規模木造建築物を紹介する。2017年に完成したBrock Commonsは，ブリティッシュ・コロンビア大学（以下UBC）のキャンパス内に建つ18階建ての学生寮だが，BC州の政策を象徴する建物となっている。マスティンバー建築による木造ハイブリット構造で建設され，1階部分と水平力を負担する2本のコア部分は鉄筋コンクリート造，屋根は鉄骨造であるが，大部分は木造で作られており，床構面にCLT，柱に集成材（以下GLM）を使用し，その高さは53mになる。LEED認証はGoldを取得しており，使用した木材による二酸化炭素の貯蔵量は1,753トンにもなる。驚くべきはそのコストであるが，従来のコンクリート建築と同等であるという報告がなされ，マスティンバー建築の有望性が示された[6]。

　2019年にBC Wood[7]が主催する第16回GBM国際展示会＆マスティンバー建築ツアーに参加し，完成した中大規模木造建築の視察を11件，施工中の建築現場を4件，合計15件の視察を行った。Richmond Olympic OvalやVanDusen Botanical Garden Visitor Centre，Earth Sciences Building等のUBCのキャンパス内の各建物については，これまでも様々な報告があるため，ここでは2016年以降に完成した建築および施工中の建築事例について報告する。

　2016年に完成したTsawwassen Mills Shopping Centreは，約13,000m²のショッピングセンターで，エントランスホールはスチールの柱にGLMの張弦梁を掛けて構成しており，柱のGLMは防火被覆と化粧材としての役割を担っている。1,000人を収容できるフードコートは，柱の一部にスチールを使用しているものの，母屋や登り梁にGLMを使用し，ダイナミックな架構を見せている。また，今回の視察で唯一，屋根面に長さ20ftのソリッドの2×6材を釘で連結したNail-Laminated Timber（以下NLT）[8]を使用している（**図4-9**）。

　2018年に完成したRichmond Fire Hall #1は，延床面積約2,300m²の2階建ての消防署で，屋根面のみCLTを使用している（**図4-10**）。2019年に完成したMinoru Centre for Active Livingは，延床面積約9,755m²の2階建て，高齢者コミュニティセンター，アクアティックセンター，

---

6) Fast, P., Jackson, R., 麓 英彦 訳（2017）：カナダ・ブリティッシュ・コロンビア大学　18階建て学生寮　Brock Commons. Journal of Timber Engineering 30（1）：15-22.
7) カナダ・BC州の木材・木質建材を紹介している非営利団体。
8) NLTは製材を小端立てにして積層し，釘や木ねじで留め付けたパネル状の材料。

図4-10　Richmond Fire Hall #1　屋根に使用され
ているCLT（撮影：柳田智弘）

図4-11　Wilson School of Design　4層吹き抜けた
アトリウム空間（撮影：柳田智弘）

図4-12　Wilson School of Design　キャンティレバー
で持ち出したCLT（撮影：撮影：柳田智弘）

フィットネスセンター等がある複合レクリ
エーションセンターで，屋根の梁のみGLMを
使用している。

　2018年に完成したWilson School of Design
は，延床面積約6,500 m²，4階建ての大学で，
建物の中心には4層まで吹き抜けたアトリウ
ムがあり，アトリウムにはひな壇状にベンチ
が設けられ，マスティンバー建築の大胆な架
構が印象的な空間になっている（図4-11）。エ
レベーターと非常階段2か所にRCコアを設
け，柱と梁にGLM，ファサードを特徴づけ
ているキャンティレバーにCLTを使用してい
る（図4-12）。柱と柱の接合には，スチールプ
レートを介してボルトとエポキシ樹脂で接合，
柱と梁の接合にはビスで固定する接合金物が
使われ，金物は完全に隠れ見えないようにす
る工夫がなされている。GLMで構成された梁
の上には，170 mm厚のデッキスラブが載っている。

　2019年に完成予定であったThe Port Coquitlam Recreation Centreは，全体計画は約20,000 m²
にも及ぶレジャー施設で，レジャープールやフィットネスセンターが入る建物はPhase 1 Cで建

図4-13　The Port Coquitlam Recreation Centre　湾曲した屋根を支える梁の高さは2mにもなる(撮影：柳田智弘)

図4-14　The Port Coquitlam Recreation Centre 柱と梁の接合(撮影：柳田智弘)

設されている。湾曲した大きな屋根を支える柱と梁にGLMが使われ，柱間のスパンは10m，湾曲した梁の高さは2mにもなり，屋根面にはデッキスラブが使われている(**図4-13**)。柱と梁の接合にはスチールプレートとボルト使用し(**図4-14**)，梁と梁の接合には鍵状の特殊な金物が使用されている。

2020年に完成を予定していたClayton Community Hubは，延床面積約7,000 m^{2}の図書館やレクリエーションが入るコミュニティセンターである。1階はRC造で作られているが，2階は柱，梁をGLMで組み，ツリーキャノピーを構成している。三角形に組まれた梁や斜めに立つ外壁側の柱が印象的な空間となっており，ここでも柱と梁を接合部する金物は完全に隠れて見えない。斜めに立つ外壁側の柱と柱の接合は，ビスを8本使用して留付けている(**図4-15**)。

MEC Flagship Storeは，カナダのアウトドアブランドMECの旗艦店で，延床面積5,550 m^2，3階建ての店舗兼事務所である。柱と梁にGLM，床にCLTを使い，水平力は巨大なスチールプレートとRCコアが負担している。GLMの柱は455 mm × 368 mm，水平力を負担するスチールプレートの厚みは28 mmで，170 mm × 455 mmのGLM2本で挟み，柱の見掛けの大きさを揃える配慮がなされている。床は7層266 mmのCLTを使用しており，商品を陳列する什器や試着室にもCLTが使われている。

Legacy on the Park in Langleyは，地上6階建て，計69戸が入る高級集合住宅で，延床面積は約10,500 m^{2}である。湾曲したバルコニーの曲線，建物の角にはカーテンウォールがあり，外観のアクセントになっている。壁はライトフレーム(2×6材の壁)，EVシャフトと床はCLTを使用し，湾曲したバルコニーはCLTの床をキャンティレバーでそのまま持ち出している(**図4-16**)。水平荷重を負担する壁の両端にはタイダウン金物が入り，鉛直荷重がかかる場所にはスチールの柱や梁が適所に使われている。また，床面積が大きいため，防火壁で建物を分割して

図4-15　Clayton Community Hub　壁と天井の構成（撮影：柳田智弘）

図4-16　Legacy on the Park in Langley　湾曲した
バルコニー部分の架構にCLTを使用（撮影：
柳田智弘）

防火規制上は2棟として計画しており，防火壁にもCLTが使われている。集合住宅には高い防耐火・遮音等の性能が要求されるようであるが，床や壁は1時間の耐火性能が必要で，床の構成（界床）は，3層のCLTの上に繊維板を敷き仕上げのフロアを貼り，CLTの下には石膏ボード，ロックウール100mm，石膏ボード2枚貼という構成になっており，コンクリートは使用していない。また，住戸間の界壁は，2×8の枠材に2×4材を千鳥配置し，片面は合板＋強化石膏ボード，もう一方は強化石膏ボード2枚貼，壁内へは断熱材を充填しない構成となっている。防火壁には2時間の耐火性能が求められるが，3層のCLTの両側にそれぞれ強化石膏ボード15.9mmを2枚貼る構成としている。

　2019年に視察対象とした15件の建築物のうち，構造材を全て木造で建設した事例は集合住宅（Legacy on the Park in Langley）のみで，その他の建物はGLM，CLT，NLT等を部分的に使用する事例が殆どであった。現地の関係者へのヒヤリングでは，鉄骨造や木造等の構造形式に関するこだわりは殆ど無く，適材適所での構造方法や材料等が検討されており，コストを含めた極めて合理的な考え方に起因しているとのことであった。

　Wood First Act施行以後，Wood First Program[9]によるBC州政府の支援もあって公共建築物に限らず，民間でも建築物の木造化が進展している。林野庁の木材貿易対策室の調査によれば，1）Wood First Actの施行以後，主に複数階住宅，レクリエーション施設や公共建築物における木材利用が進展（例：地元木材を使用したオリンピック競技施設「Richmond Olympic Oval」，高層木造建築物「ブロックコモンズ」（学生寮）等），2）2007年以降，BC州で建設された大規模木造建築物は370件以上，うち130件は公共施設・レクリエーション施設，90件以上は学校や教育施設，3）森林・林業分野の雇用を14万人創出，4）Wood First Programによる約8億円の投資で，市

9）2011年から始まった木材利用促進に向けた各種取組を支援する制度。

場を29億円程度拡大，5) 2018年林産物輸出額合計は，2009年に比べ約2倍（約13兆円）に拡大，というBC州政府の成果が報告されている。[10]

　なお，本項の内容は，ツーバイフォー2020年新年号Vol. 224（一般社団法人 日本ツーバイフォー建築協会発行）に掲載された内容を加筆，修正したものである。

　我が国では世界的に進む都市化を見据え，持続可能な経済社会システムを実現する都市・地域づくりを目指す「環境未来都市」構想が内閣府によって進められている。全国で11の都市が選定され，自律的に発展することができる持続可能な価値を創造するモデル都市として様々な取組を実施している。例えば横浜市では，北欧やカナダとは考え方やアプローチは異なるが，環境負荷の低減等に大きく貢献することが期待される水素エネルギーの利活用を進め，先進技術によって環境問題に取り組もうとしている。

　一方，建物の計画において木質系を選択することは，ライフサイクルにおける温室効果ガスの排出抑制の観点から，非木質系に対して大きな優位性を有している。このことは，森林の光合成とその所産である木材を利用することの重要性を示唆している。

　本節の事例では，「社会と環境と経済」のバランスを図りつつ，これらの統合を目指すことで持続可能な開発を達成しようとする姿勢が見てとれる。すなわち，都市計画における近隣地域の森林資源の利活用を通じて都市木造を推進し，低炭素都市を実現することで世界的課題であるSDGsの達成に貢献しようとしている。

　豊富な地上資源の活用が経済生産性および資源効率の向上に寄与すると考えられ，林業～林産業～建設業のイノベーションが森林資源を核とする持続可能な総合産業化につながり，都市と森林の抱える諸問題を解決に導くことが期待される。持続可能な社会をつくるための知識とスキルを獲得し，木材利用の重要性とWoodcityの価値を認識することが行動につながることを期待したい。

4.2　建築構造用木材・木質材料の再利用に向けた設計
——CLTの取り組みと厚板耐力壁——

4.2.1　構造用木質材料の再利用の効果と課題

　地球温暖化対策として木材を木材として長期間利用することは有効である。木材は樹木の光合成により取り込まれた大気中の炭素を貯蔵している。そのため，木材として長期間利用することで大気中への二酸化炭素量の排出を抑制することにつながり，その効果は木材の炭素貯蔵効果とも呼ばれる。この炭素貯蔵効果を有効に活用するためには，木材としてできるだけ長期間利用することが望ましい。この点において長期間の利用を想定した建築物に木材を利用することは適した利用法であると考えられる。

　木材は建築物としての利用が終了した後もカスケード利用を行うことで，より長く利用することができる。建築廃材は細かく砕かれ木材チップや木繊維などとなり，製紙やパーティクルボー

---

10)「カナダの森林・林業」令和4年1月，林野庁 木材貿易対策室（BC州の木材利用促進政策が詳細に報告されている）

図4-17　東京五輪使用材を再利用したベンチやポスト(写真提供：根羽村役場) (作成：末定拓時)

ド，ファイバーボードといったマテリアルの材料や，バイオマスボイラーの燃料となっている。一方で，このように木材を一足飛びに細かく砕き新たな材料にする，もしくは燃やしてしまうのではなく，少し小さな断面の木材としてもう一度建築物へ利用することができれば，木材をより長く使うことができると考えられる。

　さらに，木材を利用者の目に見える形で再利用することができれば，その木材の歴史ないしは木材を利用していた建築物の歴史を感じることができる。東京オリンピックの選手村ビレッジプラザではオリンピック閉幕後の再利用を念頭に設計が行われた。使用された木材は東京オリンピックのレガシーとして新たな価値を付与されて活用されている。例えば，長野県の根羽村では，森林認証材である村産材の根羽スギを提供した。返却された材は，テーブルやベンチなどの材料として，村役場の入り口などで再利用されている(**図4-17**)。これは仮設建築物の例であるが，常設の建築物においてこのような取り組みを都市として実施することで，持続可能性や都市のストーリーをアピールする取り組みの一つにできると考えられる。

　建築構造用の木材・木質材料の再利用に関しては数多くの課題があるが，建築物を新たに建てる際に考慮することとしては，それが行いやすい形で木材の利用方法を設計するということである。例えば，接合部に多数の釘を使用するのではなく，少数のボルトを利用するなど解体が容易

図4-18 CLT PARK HARUMI(撮影：末定拓時)

な接合部で設計したり[11]，建築解体後の損傷部の割合を減らして再利用可能な材を増やすためにできるだけ断面の大きい製材・木質材料で設計したりすることである[12]。他にも木材・木質材料は現しとして仕上げ材を使用しないことも有効だと考えられる。

4.2.2 CLTの再利用に係る取り組み

このような設計を行う上で有効な木質材料としてCLTが挙げられる。CLTとはラミナを幅はぎ接着して面として構成し，各層ごとに繊維方向を直交させて積層接着した木質材料である。大断面・大面積の材料として利用が可能であり，表層は木材の板目が積層して見えることから現しとしても利用しやすい。特に中高層木造建築物に対して，壁や床といった部材を大断面・大面積のCLT1枚から加工することができ，施工期間の短縮にもつながることから，使用に適した木質材料と考えられる。そのため，建築用材として利用されたCLTを再利用する取り組みも行われており，移設による建築物の再利用の例としてCLT PARK HARUMIを紹介する（**図4-18**）。また，CLTの材料としての再利用について日本CLT協会の取り組みを紹介する。

CLT PARK HARUMIは2019年に東京都・晴海に建設されたパビリオンであり，2020年に岡山県・真庭市蒜山に移設された。パビリオンで使用されたCLTは，真庭市で製造されたものである。東京都で建設される前に岡山県へ移設することが決まっていたことから，設計段階から建築をリユースすることを想定しており，その手法や問題点について「CLT建築の「リユース」を考える〜CLT PARK HARUMI 移設の事例から〜」[13]で考察がなされている。この中で，CLT建築リユースの留意点は「設計・計画時のポイント」と「新築施工(施工計画・施工)時のポイント」としてそれぞれまとめられている。「設計・計画時のポイント」では，移設先まで含めた立地条件を考慮して構造安全性・耐久性を確保した設計とすることや解体・再施工しやすいディテールの工夫，部材等の劣化状況の診断と維持管理方法の構築などについて具体的な記述があり，「新築施工(施工計画・施工)時のポイント」では，CLT PARK HARUMIの移設作業における実体験に基づく様々なノウハウが記載されており，建築リユースを考える上で有益な情報が記載されている。

11) 平井卓郎(2007)：木質構造の研究課題. 木材学会誌 53(3)：117-126.
12) 山崎真理子ほか2名(2009)：解体木材の中間処理施設における損傷調査とリユースの可能性. 木材工業＝Wood industry 64(1)：14-19.
13) 一般社団法人 日本CLT協会，CLT建築の「リユース」を考える〜CLT PARK HARUMI 移設の事例から〜，https://clta.jp/wp-content/uploads/2022/07/220711_CLTreuse_hiruzen.pdf（2023年4月26日閲覧）

　このような移設による建築リユースの他に，CLTを材料としてリユースすることも考えられる。この場合，新品の材料と比較して，一度建築物に供されて荷重を受けた材料がリユースされる際にどの程度の性能となっているか評価することが必要となる。日本CLT協会では建築物で使用したCLTをリユースするための評価方法に取り組んでおり，その内容は事業報告書として公表されている。[14]ここでは，万博などのイベントにおけるパビリオンなどに使用されたCLTを再利用することを前提としており，ここでの知見が恒常的な建築物に使用したものについてそのまま適用することはできないが，その考え方は参考にできると思われる。この事業では，CLTが建築物に使用された状況を再現するために，6か月の間CLTに荷重を加えた試験体の性能を，同じ1枚のCLTから採取して荷重を加えていない試験体の性能と比較することで，載荷によるCLTの性能への影響を明らかにし，さらにその性能評価手法を検討している。性能評価手法では，CLT製造時に満たしている日本農林規格に適合しているかどうかを簡便に評価できる手法について検討・提案がなされている。このような研究が進むことで，将来的に建築用材として利用されたCLTを材料としてリユースできるようになることが期待できる。

4.2.3　厚板を用いた耐力壁

　日本の人工林は高齢級化・大径化しており，今後大断面製材を製材しやすくなると考えられることから，CLTの他にも大きな断面の製材を用いることも考えられる。また，解体を容易にするために，金物を用いずに木材同士の嵌合を利用した日本の伝統的な建築手法には参考にできる技術が多くある。伝統的構法に用いられる手法は多岐にわたるが，ここではある程度の大きさの断面積を有する木材を多く用いて接合部が少なく，現しで利用できる耐力要素として板壁に注目する。以下に厚板を用い，金物を用いずに木材同士の嵌合やダボなどで構成し，伝統的構法による建築物を現代の法令で設計する際に問題になりやすい初期剛性の向上を目指した耐力壁であるT-WOOD® 組み板壁[15]と"いたまさん"を紹介する。

　T-WOOD® 組み板壁[15]は，大成建設と東京大学が共同で開発した耐力壁であり，[16,17]伝統的構法に近い建築物での使用を想定している。この耐力壁は両側の柱に深さの異なる溝を交互に掘り，板材を下から順番に右と左の凹の部分に交互にはめ込むことで構成されている。はめ込んだ板材の段部のめり込みによりせん断力を軸力に伝えることを意図し，板壁で問題となりやすい初期剛性を向上させようとしている耐力壁である。耐力壁の性能を測定する面内せん断試験の結果，はめ込んだ板材端部でのめり込み変形が見られ，意図通りにせん断力を軸力に伝達できていると考えられ，柱に凸凹のない場合の板壁の計算値に比べて初期剛性がおよそ2倍程度に向上した[16]（図

14）一般社団法人 日本CLT協会（2022）：令和2年度 木材製品の消費拡大対策のうち CLT建築実証支援事業のうちCLT等木質建築部材技術開発・普及事業 建築物で使用したCLTをリユースするための評価方法事業報告書, 2022.2, https://clta.jp/wp-content/uploads/2022/04/R2ho_CLTReusejigyouhoukokusyo.pdf（2023年4月26日閲覧）
15）大成建設株式会社：高性能木造耐力壁「T-WOOD® 組み板壁」, https://www.taisei.co.jp/ss/tech/C0011.html（2023年4月26日閲覧）
16）森田仁彦ほか3名（2016）：落し込み板壁の剛性向上に関する実験的研究　その1　板壁の構築方法と予備実験. 日本建築学会学術講演梗概集, 511-512.
17）末定拓時ほか3名（2016）：落し込み板壁の剛性向上に関する実験的研究　その2　各部挙動の解析と本実験, 日本建築学会学術講演梗概集, 513-514.

図4-19 T-WOOD® 組み板壁の実験の様子
（撮影：末定拓時）

図4-20 予備試験時のいたまさんの設置全景
（撮影：末定拓時）

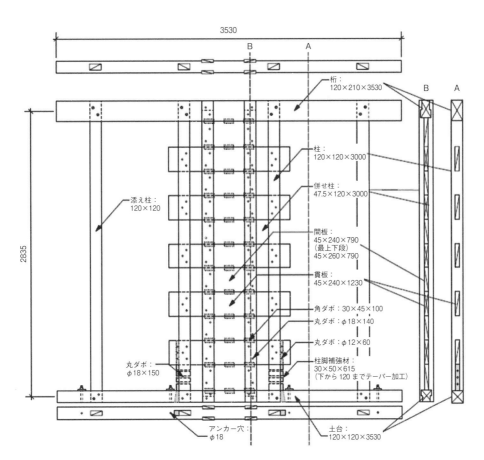

図4-21 耐力壁ジャパンカップでのいたまさんの詳細図（作成：末定拓時）

4-19)。

　いたまさんは2015年の耐力壁ジャパンカップに出場した耐力壁である(**図4-20**)。耐力壁ジャパンカップとは,「実物大の木造耐力壁を組立て,足元を固定した状態でどちらか一方の壁が破壊するまで,桁を互いに引き合わせて対戦させる」大会である[18]。本耐力壁は厚さ45 mmのヒノキ板を主として構成している。ヒノキ板は一列ごとに柱に設けられた貫穴によって通し貫状になっており,そこにシラカシのダボを打ち込む仕様となっている(**図4-21**)。大会での加力では柱脚接合部に十分な強度がなく靭性に乏しい結果となったが,十分な性能を有する柱脚金物を用いることでこの点は解決可能であると考えられる。見かけの変形角が120分の1 rad時の耐力は,13.7 kNとなり,およそ壁倍率7倍程度の初期剛性があると考えられる。

　本稿で紹介した板壁は,特殊な条件での使用を想定しており,そのままWoodcityの中高層木造に使用することは難しい。また,板材相互のずれを抑制するために板材の間にはダボを設けているため,実際に再利用する板材の寸法は小さくなる。さらに,一旦建築物に利用した木材を再び構造材料として用いる場合,構造的な信頼性が問題となるため,廃木材の強度性能を担保する手法の開発が必要である。もしくは,再利用時は化粧材,建具など構造材料以外の材として使うことが必要となるだろう。

4.3　都道府県の木材自給率と木材利用に関する制度・現状[19]

4.3.1　はじめに

　戦後の資源政策や都市建築政策によって低下の一途を辿った日本の木材自給率は,2002年に18.8%という底値を示した。製材品,木材チップ,合板等の輸入量は2002年の5,719万m³から2019年の4,335万m³へと1,384万m³減少し,輸入丸太も2002年の1,487万m³から2019年の412万m³へと1,075万m³減少した一方で,国産材自給量は2002年の1,692万m³から2019年の3,099万m³へと1,407万m³増加した結果,37.8%(2019年)にまで木材自給率が回復した[20]。輸入製品および輸入丸太が合計で2,459万m³減少したのに対して国産材自給量は1,407万m³の増加であるため,量の増加以上に自給率の上昇が顕著に表れることになった。

　地球温暖化対策による木材利用促進政策が国産材利用を推し進めたことが,国産材自給量増加の主な要因とされている[21]。2021年6月に「公共建築物等における木材の利用の促進に関する法律」が改正されたことや,同年10月に「脱炭素社会の実現に資する等のための建築物等における木材の利用の促進に関する法律」および新たな国の基本方針として「公共建築物について,低層のものに限らず,コストや技術の面で困難な場合を除き,積極的に木造化を促進するとともに,公共建築物だけでなく,民間建築物を含む建築物一般での木材利用を促進すること」と示される

---

18)　木造耐力壁ジャパンカップ:公式ホームページ(旧),http://be-do-see.com/tairyokuhekiJC/(2023年4月26日閲覧)

19)　本節の内容はJSPS科研費JP19KK0027の助成を受けて行った研究成果の一部である。本稿の内容は,中部森林研究70号に掲載された内容に加筆したものである。

20)　林野庁(2021):令和3年版 森林・林業白書. 全国林業改良普及協会

21)　井上雅文(2015):木材産業の将来展望:2030年の木材需要を見据えて2020年東京五輪を考える. 木材学会誌61(3):97-104

など，建築物に対する国産材利用推進に関する法制度・方針の決定に大きな動きが見られる。

　しかしながら，WTOの協定下では国の施策による直接的な国産製品の優遇ができず，その結果，国産材消費の拡大施策は地方行政による県産材等の利用促進施策が担うことになる[22]。地方行政の施策の一つである県産材認証制度に関して，アンケート調査をもとにした研究では，県産材認証制度は木材利用に対する価値の向上や県産材利用の意欲が高まることが期待されている制度であり，制度の利用者は木材販売の売り上げ促進という販売戦略の一つと位置付けていることが明らかにされている[23]。一方で，製材品の人工乾燥化によって在庫が可能になったことと，それによってプレカットとの結びつきが強くなったことで製材の工業製品化が顕著になり，地域外の木材の消費がしやすくなったことで，産地に固執することのない原料調達が促されたことが指摘されている[24]。このことは，県を越えての取り引きを活発にさせ，各都道府県の都道府県産材（以下，自県産材）の消費の割合を低下させていることが予想できる。

　以上のことから，近年の国産材自給率増加の要素を深堀する際，自給率の増加に自県産材がどのように貢献してきたのか，また，自県産材消費推進を目的とした県産材認証制度等の各地方行政の施策の貢献はどのようなものであったかを考察することは重要であるだろう。それぞれの果たした役割について，素材需要量の統計を用いて分析し，関係を探った。

　農林水産省統計の木材需給報告書[25]の数値を用いて，輸入丸太，国産材，県産材の量および割合の増減を分析した。本分析では，各都道府県の自県産材および自県産材以外の国産材（以下，他県産材）の需要量を把握する必要があるため，2002年から2019年までの木材需給報告書の「主要部門別，自県・他県・輸入材別素材入荷量」の数値を用いた。分析時には2020年の確定値が出ていなかったこと，および2020年にはコロナ感染症拡大の影響が素材入荷量に及び始めていたことから，2019年までの値を用いた。

　割合を示す際，2019年の総需要量が5万m³以下の需要量が少ない都府県（東京都，神奈川県，大阪府，香川県，沖縄県）では，少しの変動で割合が変化してしまうため，その動向の紹介は割愛した。輸入丸太需要量が関わる分析をする際は，輸入丸太需要量が掲載されていない都県（東京都，神奈川県，鹿児島県，沖縄県）も分析の対象から除外した。

　自県産材消費推進を目的とした県産材認証制度等の各地方行政の施策については，合法証明，性能品質証明，利用促進条例に着目し，それぞれの実施の有無で自県産材需要量の増加率を分析した。利用促進条例に関しては，2019年以降に実施されている場合はその影響を把握することができないため，2018年以前に実施されたもののみを対象とした。

　これに加えて，木材利用の側面から，国土交通省統計の建築着工統計調査報告[26]の数値を用い

22）河村奏瑛ほか3名（2020）：県産材を利用した県外住宅に対する助成施策の評価．木材学会誌 66（4）：195-201．

23）窪江優美ほか3名（2014）：県産材認証の現状と課題：認証制度に関するアンケート調査の結果より．東京農大農学集報 58（4）：199-206．

24）遠藤日雄（2020）：「脱・国産材産地」時代の森林・林業・木材産業：「新たな木材生産構造」形成の序曲（「脱・国産材産地」時代の木材産業．餅田治之，遠藤日雄編，大日本山林会）．3-22．

25）農林水産省（2021）：木材需給報告書．https://www.maff.go.jp/j/tokei/kouhyou/mokuzai_zyukyu/index.html（2021年10月1日閲覧）

26）国土交通省（2022）：建築着工統計調査報告．https://www.mlit.go.jp/sogoseisaku/jouhouka/sosei_jouhouka_tk4_000002.html（2022年11月20日閲覧）

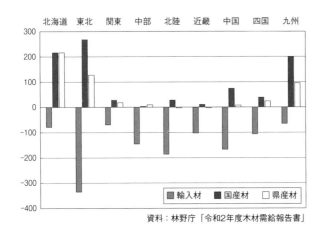

北海道　東北　関東　中部　北陸　近畿　中国　四国　九州

凡例：■輸入材　■国産材　□県産材

資料：林野庁「令和2年度木材需給報告書」

図4-22　2002～2019年間の輸入丸太・国産材・県産材需要量の地方別変化(作成：岩永青史)

て，建築物における木造率の推移や用途別の木造率を算出し，分析を行った。

4.3.2　地方別に見る輸入丸太と国産材の増減

　全国的傾向をみると，北海道，東北地方，九州地方で90％以上の国産材率を示している。反対に国産材率が低い県は広島県（20％）と茨城県（23％）で，輸入丸太を消費している大規模製材企業の存在が影響している。これに関連して，米材を多く需要している茨城県以外の全ての道府県で2002年から2019年にかけて輸入丸太需要が減少している。特に，東北6県で計334万m³（約30％），次いで北陸4県で計185万m³（約17％）と減少している（**図4-22**）。一方，国産材の需要量は，同期間において33道府県で増加し，10府県のみで減少していた。特に，東北6県で計268万m³（約19％），次いで九州地方で計201万m³（約14％）と増加している。このように，国産材自給率の上昇に大きく貢献しているのは，輸入丸太の減少および国産材の増加の両方において東北地方であることがわかる。

4.3.3　国産材の増減における県産材の貢献

　次に，国産材と自県産材の需要量の関係に着目する。国産材需要量の増加が682万m³であるのに対し，自県産材需要量の増加は301万m³であり，このことから，自県産材以上に他県産材の需要量の増加が大きくなっているということが明らかである。28道府県において国産材の増加の一部を自県産材の増加が担っているが，50％以上が自県産材増加によるものであるのは16道県に止まる。さらに，国産材の需要増加量を越えて自県での需要量が増加している，つまり自県の需要増加量を満たし，かつ他県へも移出しているのは，群馬県，埼玉県，静岡県，和歌山県，高知県，長崎県のみであった。用途の別や，集荷の広域連携，隣県の生産地が県内の生産地よりも近い場合等もあると考えられる。また，産地に固執することのない原料調達が促された結果であるとも考えられる。

　ここまでは自県産材需要に関する量的変化について比較を行ってきたが，ここからは自県産材需要量の変化が時系列でどのように推移してきたかを割合で見る。2002年から2019年にかけての自県産材率の推移をもとに議論を進めるが，この数値が示すのは2002年よりどれだけ自県産材の需要量が増加（もしくは減少）したかではなく，木材供給における自県産材の貢献度がどれだけ上昇（もしくは下降）したかの推移である。国産材需要量において大きな増加を見せた東北地方では，自県産材率も17～39％と大きく上昇した。これを越えて自県産材率が大きく上昇したのが，群馬県（+41％），福井県（+41％），長野県（+44％），静岡県（+53％），愛知県（+44％），滋賀県（+40％），和歌山県（+43％）であった。この中で，県産材需要量の増加にともなう自県産材率の上

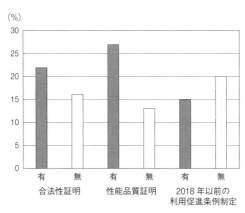

(%)

資料：各道府県ホームページ(2021)

図4-23　道府県の木材利用推進制度による木材消費増加率の比較(作成：岩永青史)

昇を達成しているのは，群馬県，長野県，静岡県，和歌山県であった。すなわち，これらの県が，輸入丸太や他県産材の量の減少だけではなく，自県産材自給量の増加によって自県産材率が高まっているということになる。

　これら4県に共通するもしくは特徴のある要素は何であるのか。統計分析の結果を見るに，輸入丸太が大きく減少した際に，他県産材に移行せずに，減少分を自県産材でカバーした点であると考えられる。その要因について，各県の県庁や森林組合などのウェブサイトや地域県産材活用ガイドブック[27]において情報を収集した。長野県においては，森林資源は豊富に存在する

が県内での木材加工が進んでいないという状況から脱却すべく，産官学が連携したプロジェクトが策定され，2015年に大型集中加工施設が建設された。群馬県においては，原木供給が不安定な時期を経て，2006年に県産材加工協同組合が，2011年にはそれと提携もしている渋川県産材センターが稼働した。一方，静岡県では，天龍材に加え，富士山−金時材や井伊材といった地域材ブランディング戦略を展開し，和歌山県においても，紀州材というブランド材とその地産地加工外消が積極的に行われている。

　また，これら4県では，県産材利用を推進するプロジェクトや組合の存在もしくはブランド材を中心とするマーケティング戦略が見られた。Porterの競争を勝ち抜くための基本戦略(コストリーダーシップ戦略，差別化戦略，集中戦略)[28]に当てはめると，長野県と群馬県では，県産材を積極的に供給・消費するという集中戦略が採られ，静岡県と和歌山県では，県産材のブランドを前面に押し出すことで差別化戦略が採られていると考えられる。

4.3.4　地方行政による県産材消費推進に向けた取り組みの効果

　自県産材消費推進を目的とした県産材認証制度や利用推進の取り組みは，ほとんどの都道府県で打ち出されている。県産材認証の内容は各県において異なるが，都道府県産材証明，合法性証明，性能品質証明，補助・助成の項目の有無が特徴を分ける基準の一つとなるだろう。このうち，合法性証明と性能品質証明，および2018年以前の利用促進条例制定の有無について，その効果を把握するため，各都道府県HPから収集した情報を元に，2002年から2019年のそれぞれの自県産材の増加率を「実施・制定県」と「非実施・非制定県」の間で比較した(**図4-23**)。その結果，特に性能品質証明において，証明の有無で自県産材消費の増加率に差が出ていることがわかる。前節で示した自県産材自給量の増加によって自県産材率が高まっている4県に関しても，和歌山県を除く3県で性能品質証明の制度が存在している。したがって，県産材の性能品質証明の有無は自県産材需要量の増減を左右する一つの指標と認識してよいであろう。

27)　日本木材新聞社(2017)：地域県産材活用ガイドブック．日刊木材新聞社．
28)　Porter, M. E. (1980)：*Competitive Strategy*. New York: Free Press.

資料：国土交通省（2022）建築着工統計調査報告

図4-24　木造建築物の床面積および木造率の推移
（作成：岩永青史）

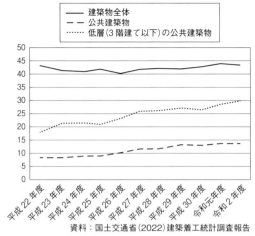

資料：国土交通省（2022）建築着工統計調査報告

図4-25　各建築物種別における木造率の推移
（作成：岩永青史）

4.3.5　建築物における木造化の動向

　建築物全体における木材が利用された建築物の床面積および木造率は，木材利用の動向を示す数値として示唆を与えてくれる。建築物における木造の床面積は1960年代から1990年代にかけて7千万平方メートルを超えていたが，その後は約5千万m²で落ち着いている（**図4-24**）。一方，木造率は，1960年代から50％を下回るようになり，1990年には30％と底値を示したが，近年では40％台での安定した推移を見せている。これらの数値は，建築着工数の減少が見られる現在においても木材を利用した建築物が以前より選択されるようになってきたことを示している。

　2021年の木造建築物の床面積は5,310万m²あり，その内，居住専用住宅が4,872万m²と木造建築物の大部分（92％）を占める。居住専用住宅（70％）以外で高い木造率が見られたのは，宗教用（40％）や農林水産業用（32％），社会保険・社会福祉・介護事業用（31％），学習塾・教養・技能教授業用（27％），飲食サービス業用（26％）であった。[25]

　公共建築物に関しては，全体および低層，建築主体の別で統計が出されている。**図4-25**は，**図4-24**においても示した建築物全体における木造率と公共建築物およびその内の低層（3階建て以下）の公共建築物の木造率の推移を比較したものである。住宅が含まれる建築物全体の値は安定して40％以上で推移している。公共建築物では，年々その値が増加しており，近年の公共建築物についての木材利用を促す法律の影響が見られる。ただし，その影響は低層におけるものであることが，低層の公共建築物の値の増加から明らかである。2021年10月の木材利用に関する新たな国の基本方針において「低層のものに限らず」の文言も付され，今後の課題が3階建てより大きい建築物の木造化であることが明確になっている。

　公共建築物全体については，建築主別の木造率は国1.3％，都道府県4.3％，市町村8.7％，民間と個人20.6％となった。低層の公共建築物についても，建築主別の木造率は国7.1％，都道府県10.2％，市町村17.2％，民間と個人38.4％と，民間と個人で木造率および木造の床面積が最も多く，続いて市町村となった。このように，これらの建築主が木造化に貢献しており，手掛ける建築物の面積からもこの2主体における木造化を中心とすることがより効率的な木造化につなが

表4-1　建築主別に見る木造率の上位10都道府県（作成：岩永青史）

		公共建築全体	うち低層			
			国	都道府県	市町村	民間事業者
全　国	床面積	163.1万㎡	0.7万㎡	2.7万㎡	23.6万㎡	135.9万㎡
	割　合	13.9	7.1	10.2	17.2	38.4
順　位	1	岩手(41.1)	**静岡(61.8)**	山形・徳島(100)	鳥取(52.6)	山口(76.8)
	2	岐阜(35.5)	熊本(49.7)		島根(46.2)	岐阜(67.8)
	3	**長野(30.4)**	**和歌山(42.1)**	茨城(86.0)	岩手(43.8)	山形(67.5)
	4	大分(29.1)	岐阜(38.2)	高知(75.2)	秋田(37.3)	佐賀(66.9)
	5	**群馬(27.9)**	鳥取(31.9)	千葉(70.9)	高知(35.5)	秋田(63.2)
	6	秋田(27.5)	新潟(31.6)	岡山(70.0)	宮城(32.9)	**長野(61.8)**
	7	栃木(27.4)	青森(15.5)	新潟(65.2)	福島(31.2)	山梨(58.3)
	8	滋賀(27.1)	北海道(14.3)	北海道(59.4)	**和歌山(29.8)**	新潟(57.4)
	9	福島(24.4)	宮城(12.1)	三重(58.3)	大分(26.8)	石川(54.7)
	10	宮崎(24.3)	福島(10.9)	島根(57.5)	北海道(25.5)	岩手(53.5)

資料：国土交通省(2022)建築着工統計調査報告
注：自県産材自給量の増加によって自県産材率を高めた4県を太字で示した。

るだろう。一方で，全体で見ても，建築主別に見ても大都市圏での木造率は低い。「3. 国産材の増減における県産材の貢献」に登場した，自県産材自給量の増加によって自県産材率を高めた4県を表内に太字で示したが，各県ともに10位にはランクしているものの，県産材自給率と木造化率に大きな関係があることは示されなかった（**表4-1**）。

4.3.6　まとめ

地域別の国産材率の動向を見ると，輸入丸太の需要量減少と国産材の需要量増加という傾向は全国的に共通しているが，合板への国産材供給量および供給率の増加を背景とした東北地方や，ロシア材の入荷量を減じた北陸地方，国産材生産および国産材輸出が盛んな九州地方における，それらの傾向は顕著であった。

国産材における県産材との関係からは，他県産材が自県産材を越えて消費されていることや，反対に自県産材量の増加によって自県産材率を高めているのは群馬県，長野県，和歌山県，静岡県のみであることがわかった。この4県においては，集中戦略および差別化戦略に当てはまる動きが見られた。

県産材認証制度は，森林資源の成熟を背景とした県産材の需要拡大のための流通に活かす制度の確立と導入を目的としているが，制度的認識の脆弱性や制度の内容が多様であることから，利用拡大に向けたインセンティブとはなっていないことが指摘されている[22]。しかしながら，全国的に見ると，特に「性能品質証明」の発行という施策に関しては，自県産材の需要量を増加させることにつながっているという結果になった。

東北地方における国産材自給率の上昇と群馬県，長野県，静岡県，和歌山県における自県産材の自給量・率の上昇はどちらも，合板産業における南洋材・北洋材から国産材への大きな転換の

ように[29]，輸入丸太や輸入製品が減少した際に，自県で対応できる供給体制ができていたことを示している。2021年から第3次ウッドショックと呼ばれる，北米材の輸入量の減少と国産材・製品価格の高騰が見られている。本研究では対象を2019年までとしているため，またウッドショックの影響が数値として出てきていない中，どのような対応が行われたのかを確認することは今後の課題としたいが，自県産材自給量の増加によって自県産材率が高まっている4県のような自県産材の需給状況であれば，ウッドショックのような事態にも対応ができている可能性も高いのではないだろうか。そのためのマーケティング戦略（集中戦略および差別化戦略）や輸入丸太との強度比較にも耐えうる性能品質証明の取得も有効であると考えられる。製材品の人工乾燥化やプレカットとの結びつきによって産地に固執することのない原料調達が推し進められてきたことは[23]，木材および木材製品の工業製品としての地位の向上には直結する。ただし，ウッドショックのような事態においては，主要産地へと木材供給に偏りが出ることが，全国的な木材供給不足や木材価格の高騰につながる。したがって，各都道府県がそれぞれ自県産材の供給力を高めておく必要もあり，ここに自県産材の自給率を高める意義があると考える。

　一方で，これらの木材の出口として，建築物における利用状況についても概観したが，低層の公共建築物における木造率の増加が顕著であり，これらを支えているのは，民間事業者による建築であった。民間事業者が手掛ける建築においては積極的な木材利用が進んでいると考えられる。「4.3.5　建築物における木造化の動向」で示した利用されている木材には，輸入された木材も大きな割合で含まれている。一方で，「4.3.4　地方行政による県産材消費推進に向けた取り組みの効果」で紹介した性能品質証明が付された木材は，使用する場面を選べば，輸入された木材に劣らない性能でそれらの材に置き換えることができる。木材の中でも国産材を，国産材の中でも各都道府県で生産される自県産材を利用することが，住宅のみではなく公共建築物においても推進されるのであれば，各都道府県レベルでの地産地消にも貢献することにつながる。統計情報からは，それを主で推進することができるのは民間事業者であるということが読み取れた。

　本書で対象としているWoodcityの動きは，本節で示したような地域ごとの木材生産や各都道府県が取り組む木材消費推進に向けた取り組みの動向と足並みを揃えることが重要であり，そのことがひいてはWoodcityの動きを促進することにつながる。

4.4　森林分野におけるカーボン・クレジットと森林投資

4.4.1　はじめに

　カーボン・クレジットとは，カーボンニュートラルの実施に向けて，排出量の見通しに対する削減量の差分をクレジットとするものである。つまり，排出すると見込まれていた量に比べ，削減努力によって実際の排出量が減少した分をクレジットとするという考え方で，このクレジットを排出削減が出来ない分野や排出削減が叶わなかったステークホルダー等と売買することで，より効果的な排出削減を目指すものである。

　カーボン・クレジットには，国連や各国政府が主導する制度と民間セクターによるものがあ

29）Iwanaga, S. *et al.* (2018)：Impact of the change in raw material supply on enterprise strategies of the Japanese plywood industry. *J. For. Res.* 23(6)：325–335.

る。前者としては，京都メカニズムやJCM（Joint Crediting Mechanism：二国間クレジット制度），日本ではJ-クレジット制度などを挙げることができる。民間セクターの取り組みには，Verified Carbon StandardやGold Standard，American Carbon Registry，Climate Action Reserveの代表的な4つのクレジット制度があり，そのもとで自動車会社や石油会社がクレジットの調達を行っている。[30]

　また，発行されるクレジットは，排出の削減に由来するものと炭素の固定吸収に由来するものとに大別できる。森林分野では，REDD+（Reducing Emissions from Deforestation and forest Degradation and the role of conservation, sustainable management of forest and enhancement of forest carbon stocks：途上国における森林減少・劣化に由来する排出の抑制，並びに森林保全，持続可能な森林経営，森林炭素蓄積の増強）や再生可能エネルギーといった取り組みが削減クレジットを発生させ，植林・再植林や森林管理が固定吸収の取り組みとなる。

　本節では特に，国連や政府が主導する，森林分野の制度について見ていきたい。また，森林分野における金融投資の仕組みとして注目を集めている森林投資に関しても紹介し，クレジット・排出削減との関わりについても言及したい。

4.4.2　森林分野における世界的なカーボン・クレジットの動向：REDD+

　日本は京都会議以降，積極的に森林減少対策に取り組んできた。その一つにREDD+を挙げることができる。いわゆる，森林減少対策とカーボン・クレジットを組み合わせた仕組みである。2005年の第11回気候変動枠組条約締約国会議（COP 11）で議題に上がり，地球温暖化対策として注目されてきたREDD（発展途上国における森林減少および森林劣化からの温室効果ガスの削減）は，2007年のCOP13では森林保全，持続可能な森林経営，森林炭素蓄積の強化の役割を示す「+」を付け加えたREDD+として，森林保全活動全般を対象にするようになった。このREDD+は，途上国における森林減少と劣化を抑制する活動および温室効果ガスの吸収を促進する活動に対して，クレジットや資金などの経済的なインセンティブを付与することが特徴的である。すなわち，プロジェクトが実施されなかった場合の吸収量（参照値やベースラインとも呼ばれる）と途上国が森林の減少を抑制し，二酸化炭素の排出を削減した実績との差を算定し，それを排出削減分とする「REDD」部分と，植林や持続可能な森林経営を行うことで森林における炭素の蓄積が増加した分の「+」部分の合計をクレジット化するものである（**図4-26**）。

　JCMは，途上国に対する日本の脱炭素に関わる技術，製品，システム，サービス，インフラ等を普及させることを通じ，日本が温室効果ガス排出削減に貢献した分を評価し，日本の排出削減目標のために活用するものである。日本においては，REDD+はJCMのもとで実施されている。環境省が支援する223事業（2022年9月時点）の内，2件のみではあるが，インドネシアおよびラオスにおいて実施されている。[31] インドネシアにおいては，焼畑に代わる生計手段としてのカカオ生産を普及させることで森林減少の抑制が目指されている。ラオスにおいても，焼畑による森林資源への過度な圧力を軽減するために代替生計の導入が進められている。

---

30) カーボンニュートラルの実現に向けたカーボン・クレジットの適切な活用のための環境整備に関する検討会（2022）：カーボン・クレジット・レポート．

31) 地球環境センター（2022）：JCM. https://gec.jp/jcm/jp/projects/（2022年11月25日閲覧）

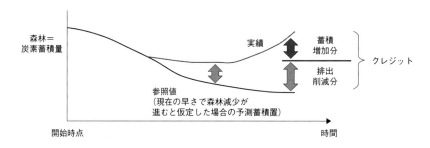

図4-26　REDD+におけるクレジット化の考え方(作成：岩永青史)

4.4.3　日本の取り組み：J-クレジット制度

　日本国内のカーボン・クレジットの取り組みとしてJ-クレジット制度がある。J-クレジット制度とは，省エネルギー設備の導入や再生可能エネルギーの利用による二酸化炭素等の排出削減量や，適切な森林管理による二酸化炭素の吸収量をクレジットとして認証するものである[32]。J-クレジット制度においては，クレジット創出者(つくるひと＝中小企業や農業者，森林所有者，地方自治体等)とクレジット購入者(つかうひと＝大企業，中小企業，地方自治体等)がある。クレジット創出者は，温室効果ガスの排出削減または吸収量の増加につながる事業の実施によって，クレジットを発生させるとともに，ランニングコストの低減やクレジットの売却益，地球温暖化対策への取り組みに対するPR効果，新たなネットワークの構築，組織内の意識改革・社内教育といった，金銭的なメリットのみならずソフト面での効果が期待できる仕組みとなっている。クレジット購入者は，クレジット創出者が発生させたクレジットを購入する者を指すが，こちらも環境貢献企業としてのPR効果および企業評価の向上や二酸化炭素排出量をオフセットすることで製品・サービスの差別化・ブランディングを進めることが可能となる。

　排出削減や吸収によってクレジットを創出する方法は，省エネルギー，再生可能エネルギー，工業プロセス，農業，廃棄物，森林の6つに大別される。森林分野には森林経営活動，植林活動，再造林活動の3つがあり，全て二酸化炭素の吸収を算定することでクレジットを発生させることになる。さらに，J-クレジット制度には，地方公共団体によって運営することができる地域版J-クレジット制度も設置され，新潟県と高知県で運営中である(2022年11月時点)[31]。両県で実施されている地域版J-クレジット制度で登録されているプロジェクトの全ては森林分野の活動もしくは木質バイオマスを用いた再生可能エネルギーの活動となっている。

　これらの森林関連のクレジットの創出の重要性が認められている一方で，クレジット全体からすると微量であり，2022年8月に制度の見直しが行われた[33]。主な変更点は4つあり，1つ目は，主伐を行い経営収支が黒字となる場合はプロジェクト登録要件を満たさないため，これまでは収支見込みが赤字であることを証明する必要があったが，この証明が不要になった点である。主伐後に再造林をする場合や保育・間伐を計画する場合は，長期的な経費がかかり続けることに配慮

32) J-クレジット制度事務局(2022)：J-クレジット制度について．https://japancredit.go.jp/about/outline/ (2022年11月25日閲覧)

33) 林野庁(2022)：J-クレジット制度．https://www.rinya.maff.go.jp/j/sin_riyou/ondanka/J-credit.html (2022年11月25日閲覧)

した上での見直しとなっている。2つ目は，主伐は排出に計上されているためにクレジット認証量が少なかったが，再造林する場合は主伐分を排出量に計上しないという点である。これによって，再造林を込みとした主伐が推進されることが期待される。3つ目は，これまで森林のみが吸収クレジット算定の対象となっていたところが，伐採された木材が製品として使用されることによる固定量を算定することができるようになった点である。4つ目は，これまでは森林施業が実施された育成林のみがクレジット算定の対象となっていたところが，保安林等に指定された天然林で森林の保護に係る活動を実施すればクレジットの算定の対象となった点である。これによって，これまで算定対象から外れていた広葉樹林等も算定の対象として含まれるようになった。

このように，J-クレジット制度の内容と見直し点を概観し，日本国内のクレジット制度の動向を紹介したが，経済産業省が主導した「カーボンニュートラルの実現に向けたカーボン・クレジットの適切な活用のための環境整備に関する検討会」が2022年6月に発行した資料（カーボン・クレジット・レポート）によると，日本におけるカーボン・クレジットには，需要，供給，流通の各側面で課題も多く存在する。需要面では，多くのクレジットと方法論が併存していること，各制度間や国際ルールの中での取り扱いおよび活用方法が十分に整理されていないことが挙げられている。供給面では，現行の方法論では，新技術によるものや自然由来の削減によるクレジットの発行が推進できないこと，および低炭素活動に着目したサービスが多く，クレジット発生の素地がないことが挙げられている。そして，流通の面では，国内流通では取引量や価格が不明瞭で，クレジット価格がカーボンプライスとして機能していないことが挙げられている。2022年8月にJ-クレジット制度の見直しが行われるなど改善は続いているが，上記資料では制度全体および国内・国際取引市場の動向との連携が指摘されている。これについて，次項では森林投資が森林管理や森林の炭素吸収の増強において貢献できることについて言及したい。

4.4.4　カーボン・クレジットにおける森林投資の可能性
4.4.4.1　森林投資とは

投資家から資金を受託して林地資産を購入あるいはリースし，資産を運用するサービスが森林投資である。取得もしくはリースした林地において林業を行うことで投資リターンを生み出し，配当を行うことが投資家に対するサービスとなり，その対価として手数料を収受している事業者が森林ファンドである。森林投資においては，収益性の高い林業を行うことが高い配当を生み出すことになるため，いわゆる「儲かる林業」が常に念頭にある。そのため，林業経営を行う上でも学ぶべきところが大きい。

森林投資を運営する主体として，TIMO（Timberland Investment Management Organization：森林投資・管理会社）や森林REIT（Real Estate Investment Trust：不動産投資信託会社）が有名である。TIMOは，投資ファンドからの資金を元に，森林を売買，保有，経営し，運用期間中の伐採および再生産によりキャッシュフローを生み出す。森林REITは，投資家が投資した資金を不動産投資信託として運営するものである。これらの主体によって，森林投資は1980年代に米国において始まり，2000年以降，米国や南米，オセアニアを中心に大学基金，企業年金基金，公務員退職年金，生命保険等の機関投資家資金を元に市場規模が拡大してきた。

4.4.4.2　日本への導入の可能性：日米の比較から

　日本政策投資銀行では，日米の林業経営の比較を行い，日本における森林投資の可能性について考察している。[34] 林業経営の比較では，林業利回りが市中金利より高く，売買される林地のまとまりが数千〜数万haである米国に対し，日本では補助金がなくては林業で利益が出ないことや売買される林地の規模が百ha以内であることが森林投資の阻害要因であることがうかがえる。また，森林の金融商品化に向けた法整備の必要性があると言及されている。境界線が不明確であることや，未測量の森林が多いことも日本における森林投資が進まない要因であると考えられる。その他，素材生産業者および販売先が地域ごとに少数しか存在せず競争が生まれにくいこと，林道の開設が進んでいないこと，丸太の輸送コストが高いこと等も挙げられている。

4.4.4.3　日本に導入するにあたっての取り組み

　森林投資を日本に導入，発展させるための課題と必要な動きとしては，1) 林業に関する高度な専門知識を有する人材とその人件費の確保，2) 森林ファンドが存在していないため，環境問題や自然環境に関心のある個人投資家の呼び込み，3) 森林資源量の分布と木材需要量の分布が一致していないため，木材需給に関する地域間の広域な連携・マッチング，4) 林業に対して補助金は支払われているが，税制の優遇がされていないことから，税制優遇措置を念頭に置いて法制度の変更，が挙げられている。[33] 3) については，4.9「都道府県の木材自給率と木材利用に関する制度・現状」で示したように，各都道府県の自給分を越えて需要があるためにマッチングが必要であるのか，自給分でまかなえるためにマッチングの必要がないのかを判断するために，木材供給量や木材需要量といった各都道府県単位および地域単位での情報収集が重要であると考えられる。4) については，例えば，ノルウェーの森林・林業分野においては，補助金ではなく，税制優遇でコントロールしている制度が多く見られる。その一つとして，伐採収益の一部は，その後の再植林等の森林管理の原資とするために森林基金として確保することが決められている。この基金に充当する割合は伐採収益の4%〜40%までの範囲で所有者が決定できることになっているが，15%分までは税制優遇がなされており，その結果，全体では16%が基金として確保されている。このように税制優遇によって，次期の林業への資金確保のインセンティブを高める仕組みができている。環境保全のための市場メカニズムを用いた制度には，補助金タイプ，税タイプ，取引タイプがある。排出削減を促すものであっても，吸収促進を促すものであっても，近年では取引タイプが導入される傾向にある。REDD+は補助金タイプと取引タイプを合わせたものであり，J-クレジット制度は取引タイプである。日本の林業は補助金タイプで，ノルウェー林業は税タイプである。そして，森林投資は取引タイプではあるが，これに税制優遇が加えられることで，参加者(＝関係者)を増やすことにつながると考えられる。

　上記1)〜4)に示した日本における森林投資に向けて必要となる取り組みは，日本の森林・林業が抱える問題の解決策と，大枠で同じ方向を向いている。そのため，2019年から，所有者や境界がわからない森林の整備といった日本の森林・林業に関する課題に対応するために活用されている，森林環境譲与税および森林環境税の活用方法の一つとして，森林投資の環境整備を追加す

---

34) 日本政策投資銀行(2020)：森林ビジネスイノベーション研究会報告書.

ることが有用であると考える。森林環境譲与税および森林環境税の目標をより具体的にするためにも，森林投資が根付く環境の整備という目標を設定することで，より明確な対策を打ち出すことができる。

4.4.5 カーボン・クレジットを取り入れた Woodcity

J-クレジット制度では，木造建築物の残存率の推計方法の再検討や伐採された木材が製品として炭素を固定していることに鑑みた木材製品のクレジット算定方法の見直しがなされた。しかし，木材のクレジットの算定は合板・製材に至るまでとされている。建築物の原料として，木材を選択・購入することは，吸収・貯蓄の源となることを考えると，他の木材製品や建築物全体での固定量も考慮に入れることが妥当であると考える。一方で，これらを個々に識別し，カウントし，クレジット化することには膨大な労力がかかる。そこで，例えば，森林認証制度で行われているプロジェクト認証のスキームと同じように，Woodcity をプロジェクト単位で把握し，クレジット化することは作業量の大幅な削減になるだろう。木材需要の高まりなくして，再植林へのモチベーションを保つことはできないことを考えると，このような動きも必要である。

4.5 持続性評価

本節では，持続可能な建築物とはどのようなものなのかを考察した。Woodcity は，主に環境面で持続的な建物，ひいては持続可能な街を目指しているわけであるが，今の社会において持続可能な建築物とはいったいどのような建物だろうか。また，その持続可能性はどのように評価できるのだろうか。

4.5.1 建築物の持続可能性とは何か

近年，建築物の持続性を示す指標をまとめた研究が行われている。Wen（2020）は，世界で用いられているグリーンビルディング認証の項目を整理した[35]。グリーンビルディング認証とは，建物の性能を評価する制度のことで，LEED（Leadership in Energy & Environmental Design）や BELS（Building-Housing Energy-efficiency Labeling System），CASBEE（Comprehensive Assessment System for Built Environmental Efficiency）などが有名である。グリーンビルディング認証では主に建物の環境性能を評価する傾向があるが，評価に用いられている項目は多岐にわたる。Wen は各国の認証において共通して問われている内容を整理し，33 項目の統合フレームワークとしてまとめた。

さらに，持続可能性の目標として，SDGs（持続可能な開発目標）への対応も問われている。SDGs は，2015 年に「持続可能な開発のための 2030 アジェンダ」の中核をなすもので，17 のゴール，169 のターゲットから構成される開発目標である。グローバルな目標であるが，建築産業においても，SDGs 達成に向けた取り組みが求められている。

---

35) Wen, B. *et al.*（2020）：The role and contribution of green buildings on sustainable development goals. *Build. Environ.* 185.

表4-2　持続性指標──評価項目（山﨑ほか 2022, 2023）

指標		評価項目	指標		評価項目
1	気候変動への取り組み①（運用段階）	省エネルギー 自然エネルギーの使用 温室効果ガス排出量 効率的エネルギー運用 エネルギーの運用管理体制	9	LCC（ライフサイクルコスト）への配慮	建設以降の段階のコスト算出
2	気候変動への取り組み②（運用段階以外）	温室効果ガス排出量 炭素貯蔵量	10	地域経済への貢献	地域の製品の利用 地元企業への委託 地区への影響
3	節水と水質管理	節水・給水管理 排水管理 効率的運用	11	環境や社会に配慮した融資・投資の活用	環境や社会に配慮した予算計画 第3者認証の活用
4	公害の抑制	周辺環境への配慮（騒音，振動，悪臭） 周辺環境への配慮（風害） 周辺環境への配慮（砂塵） 周辺環境への配慮（光害） 汚染物質含有材料の使用回避 フロン・ハロンの回避 大気汚染防止 工事中の周辺への配慮	12	生産性の向上	作業工程の最適化
			13	建設労働環境の向上と適切な雇用の促進	現場の安全性向上への取り組み 建設関連企業の労働環境 建設関連企業の雇用 建設関連企業の離職率
			14	災害に対するレジリエント	耐震性能 建物機能の確保
5	生物多様性の保全	建設地の生態系に配慮した設計 敷地内の環境保全	15	居住性の向上①（間取り・設備）	掃除のしやすさ 適切なスペースの確保 建物機能の追加 ユニバーサルデザイン ユーザー参加
6	持続可能な資材調達	使用建材のトレーサビリティ			
7	効率的な資源利用と廃棄物量の削減	環境アセスメント済み製品の採用 構造材の再利用およびリサイクル資材の利用 構造材以外へのリサイクル資材の利用 解体の容易性 廃棄物量の削減	16	居住性の向上②（室内環境）	温湿度─温熱制御 温湿度─湿度制御 空気質─発生源対策 空気質─換気 空気質─喫煙の制御 適切な音響管理 適切な光環境
8	建物の長寿命化	建物の長寿命化への意思 構造材の耐久設計 構造材以外の耐久設計 維持管理情報の提供 設備・用途変更のゆとり 荷重のゆとり 設備の更新性	17	地域コミュニティへの配慮	プライバシーの保護 景観の保全および地域づくりへの貢献 日照権の保護 持続可能性の提示 近隣住民の生活への配慮 敷地温熱環境の向上 交通負荷抑制 社会への貢献

資料：日本建築センター（2019）

　Wenの統合フレームワークや，建築産業のSDGs達成に向けた取り組み[36]をもとに，建築物の持続性を示す項目を17の指標としてまとめることができる[37]。この持続性指標はWenが示した統合フレームワークを元としており，地球環境負荷低減に関するもの，経済・社会問題に関するもの，生活環境に関わるものといった，3つの内容に大別される。17の持続性指標を**表4-2**に示した。

　さらに，17の指標の中に，それぞれに関する取り組みを評価するための評価項目（65項目）が設定される。日本で有名なグリーンビルディング認証であるCASBEE（Comprehensive Assessment System for Built Environmental Efficiency; 建築環境総合性能評価システム）の評価項目

36）一般財団法人日本建築センター（2019）：建築産業にとってのSDGs（持続可能な開発目標）──導入のためのガイドライン──.
37）山崎真理子ほか（2022, 2023）：建築物・建設活動の持続性指標とSDGsの関係に関する主観調査，日本建築学会大会.

表4-3 材料関連評価項目（山﨑ほか 2022, 2023）

	指 標	評価項目
1	気候変動への取り組み①（運用段階）	省エネルギー
2	気候変動への取り組み②（運用段階以外）	運用時以外の温室効果ガス排出量 炭素貯蔵量
4	公害の抑制	汚染物質含有材料の使用回避 フロン・ハロンの回避
6	持続可能な資材調達	使用建材のトレーサビリティ
7	効率的な資源利用と廃棄物量の削減	環境アセスメント済み製品の採用 構造材の再利用・リサイクル資材利用 構造材以外へのリサイクル資材利用 解体の容易性 廃棄物量の削減
8	建物の長寿命化	構造材の耐久設計 構造材以外の耐久設計 維持管理情報の提供 荷重のゆとり
9	LCCへの配慮	建設以降の段階のコスト算出
10	地域経済への貢献	地域の製品の利用
14	災害に対するレジリエンス	耐震性能
16	居住性の向上（室内環境）	温湿度—温熱制御 温湿度—湿度制御 空気質—発生源対策 適切な音響管理
17	地域コミュニティへの配慮	景観の保全および地域づくりへの貢献 近隣住民の生活への配慮

表4-4 構造別評価項目（山﨑ほか 2022, 2023）

構造種類	評価項目
木造・木質化の利点	炭素貯蔵量効果 温湿度—温熱制御 温湿度—湿度制御
他構造の利点	荷重のゆとり※ 適切な音響管理（遮音性能）※
地域材の利点	運用時以外の温室効果ガス排出量 使用建材のトレーサビリティ 地域製品の使用 近隣住民の生活への配慮
構造によらない（取り組み方による）	省エネルギー 温室効果ガス排出量 汚染物質含有材料の使用回避 フロン・ハロンの使用回避 使用建材のトレーサビリティ 環境アセスメント済み製品の採用 構造材の再利用，リサイクル資材利用 構造材以外へのリサイクル資材の利用 解体の容易性 廃棄物量の削減 構造材の耐久設計 構造材以外の耐久設計 維持管理情報の提供 荷重のゆとり 建設以降の段階のコスト算出 地域の製品の利用 耐震性能 シックハウス対策 適切な音響管理 景観の保全および地域づくりへの貢献

※他構造の方が達成しやすい内容であるが，構造によらず取り組み方によって変化する

や，建築産業のSDGs導入ガイドライン[36]をもとに，それぞれの指標の内容を達成するために，建築物および建設活動に求められる取り組みを挙げた。17の指標に設けた評価項目を，**表4-2**に合わせて示す。評価項目は，建築物を運用する段階だけではなく，計画段階，材料の生産段階，建設段階，改修・廃棄の段階までを対象とし，ライフサイクル全体をとらえた内容となっている。

さて，Woodcityの持続性を考えるにあたり，以上の評価項目の中で，使用する材料が関係する項目を調べた。材料が関連する項目を**表4-3**に示す。

材料に関わる項目は24問あり，関係が深い指標としては，指標2：気候変動への取り組み②（運用段階以外）や，指標6：持続可能な資材調達，指標7：効率的な資源利用と廃棄物量の削減が挙げられる。材料選択が，建築物そのもの環境優位性，さらに社会に対する持続性に関与していると考えられる。

さらに，以上の材料関連項目のうち，木造であるのかが評価に影響する項目を調べ，**表4-4**に示した。24項目のうち20項目に影響し，この中には木造であることが評価される項目もあれば，木造でも注意をしなければならない項目もある。

まず，木造であるかどうかが評価に影響しない項目は，構造材の再利用およびリサイクル資材

の活用，構造材の耐久設計，荷重のゆとり，耐震性能の4項目である。これらの項目は木造，他構造によらず考慮する必要があり，木造であるかどうかで評価が変化する内容ではない。リサイクルの必要性，構造材の耐久性に関する処置・維持管理はどの材料を用いる場合でも考慮する必要がある。さらに，ゆとりのある荷重設計や，耐震性能については，木造であるかどうかではなく設計の問題であり，設計時に使用された値を満たしていればどの材料を用いても同じ評価である。ただし，このうちゆとりのある荷重設計については，鉄骨造やRC造の方が有利ではあるだろう。

　次に，木造であることが評価される項目としては，炭素貯蔵効果，温湿度制御性が当てはまる。木材による炭素貯蔵効果は，木材が大気中から吸収・固定した炭素を放出せずに建築物に長期間貯蔵することで，地球温暖化に貢献する働きを評価している。温湿度の制御性についても，木材には調湿機能があり，室内の湿度を保つ働きをもつ。また，木材は天然の断熱材であり，床や壁に使用することで室内の温度を保つのに貢献する。木の床がひんやりしないと感じるのは，この熱伝導率の低さによるものである。

　一方，残りの項目については，木材の使い方によっては，持続性を損なう方向に働く可能性がある項目である。例えば，指標2の運用段階以外の温室効果ガス排出量削減について考えてみよう。基本的に木造建築では，コンクリートや鉄骨造と比べて製造時・建設時の二酸化炭素排出量が小さい。しかし，輸入材を用いたり，製材，加工の際に長距離の移動を行ったりするなど，輸送時の排出には注意が必要である。一口に木材といっても，どのようなルートで建築物に使用されたのかを考える必要がある。

　そこで，さらに地域材を利用した場合を考えてみる。地域材を利用した場合に評価される項目は，運用段階以外の温室効果ガス排出量削減，使用建材のトレーサビリティ，地域製品の使用である。先に述べた，必ずしも木材利用が評価につながらない項目の中で，材料の輸送に関する項目が当てはまっている。地域で生産された木材を使用してまちづくりを行うなど，面的にWoodcityを考えることが持続性につながる。

　ただし，地域材に対する評価は木材に限った話ではない。他の材料を用いた場合でも，地域で生産された材料を用いることで，上記の項目の評価は向上する。

　最後に，他構造に有利な項目として，荷重のゆとり，適切な音響管理(遮音性能)が挙げられる。材料そのものの強度や遮音性は，他構造が優れている点である。ただし，これらの項目も他構造の方が達成しやすい内容ではあるが，使用方法によって変化する。

4.5.2　SDGs貢献度

　ここまで，建築物の持続性とは何かについて述べた。次に，上記の指標ごとの取り組みを統合し，持続性として評価する方法として，SDGsを用いる手法を提案したい。建築物の持続性指標とSDGsとの関係性を求め，指標を縦断したSDGs貢献度として建物の性質を示す手法である[38]。この方法により，様々な課題への取り組みを個々に評価するのではなく，統合した持続可能性を示すことができる。

---

38)　山崎真理子ほか(2022)：木造建築物におけるSDGs貢献度評価法の開発，日本木材学会大会研究発表要
　　旨集.

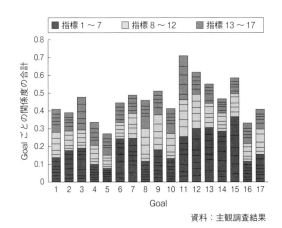

資料：主観調査結果

図4-27　持続性指標とSDGsの関係度(山﨑ほか2022)

17の持続性指標とSDGsの17のゴールそれぞれとの関係性の値を求め，指標ごとの評価をゴールへの貢献度に変換するという方法である。しかし，そのような数値は世の中に存在しておらず，関係性を表す数値を設定する必要がある。そこで，持続性指標とSDGsの関係性を問う主観調査を行い，これをもとに，現在の日本で考えられている建築物の持続可能性を求めた。主観調査の対象は，農学部木材関連系・建築系分野の大学生，大学院生，研究者，および実務者79名とした。

こうして数値化された建築物のSDGsゴールとの関係度が，それぞれのゴールに対して建築物が持ちうる持続性可能性である（**図4-27**）。持続性指標ごとに算出された関係度を積算し，SDGsのゴールごとの関係度を求めた。2023年3月時点での結果では，建築物と関係性が高いゴールとして，「Goal11：住み続けられるまちづくりを」，「Goal12：つくる責任　つかう責任」，「Goal15：陸の豊かさを守ろう」，「Goal13：気候変動に具体的な対策を」などが挙げられる。関係度が低かったのは，主に社会問題に関わるゴールで，「Goal5：ジェンダー平等を実現しよう」，「Goal16：平和と公正をすべての人に」，「Goal4：質の高い教育をみんなに」，「Goal2：飢餓をゼロに」などであった。

もちろん主観調査であるため，この関係性の値は時代とともに変化するだろう。むしろ，よりよい方向に変化していくことが望ましい。例えば，最も建築物との関係度が低くなった「Goal5：ジェンダー平等を実現しよう」について考えてみる。建築物とジェンダーは本当に関係が薄いのだろうか。建設関連企業の雇用状況にはもちろん関連がある。他にも，建物の間取りや設備に関する意見は女性の方が強く，この点では男性方が立場の低い状況なのではないだろうか。Goal5の関係度のうち，それぞれの指標の占める値をみると，指標13：建設労働環境の向上と適切な雇用の促進以外の指標は関係性が低い結果となり，ジェンダー問題は女性の差別であると考えられている傾向がみられた。今後様々な性が認められ，社会が変化することで関係性数値も変化していくだろう。

ここまで建築物の持続性を示す手法について述べた。では，木造建築の持続可能性はどのように表れるのだろうか。これを検討するため，先に述べた評価項目のうち，木造・木質化の利点が反映される項目，地域材を使用した場合の木造の利点が反映される項目，他構造の利点が反映される項目に着目した。

これらの項目を用いて，木造・木質化することで建物の持続可能性，すなわちSDGs貢献度がどのように変化するのかを検討する。木造建築を想定し，木造木質化の利点にあたる項目の評価をA評価（75点）とし，残りの項目を一般レベルの取り組み，すなわちC評価（25点）としてSDGs貢献度を算出する。地域材利用木造の場合は，木造木質化の利点にあたる項目の評価をB評価（50点）とし，地域材の利点をA評価，残りの項目をC評価とした。これに対して，他構造の利

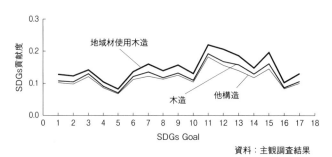

図4-28　SDGs貢献度比較（木造，地域材使用木造，他構造）（山﨑ほか2022）

点のみをA評価とし，残りの項目はすべてC評価とした場合も同様にSDGs貢献度を評価した。この結果，いずれのゴールに対しても，木造木質化の利点が他構造の利点を上回る結果となった。さらに，地域材を使用した木造建築では，より高い結果となった（図4-28）。特に地域材利用木造による利点が表れたゴールとしては，「Goal15：陸の豊かさを守ろう」，「Goal12：つくる責任　つかう責任」，「Goal13：気候変動に具体的な対策を」，「Goal7：エネルギーをみんなにそしてクリーンに」，「Goal11：住み続けられるまちづくりを」が挙げられる。製造工程，施工，そして解体や再利用段階まで評価された結果として，地域で生産された木材を利用することの環境優位性，街づくりへの貢献が現れたのであろう。

　もちろん木造の不得意な分野として，材料の強度や音響性能が挙げられるが，統合的に見たサステナビリティでは，どのゴールについても他構造の場合を上回った。この結果から，木造で十分実現できる建物については，木造化を進めることが持続可能性の向上につながると考えられる。さらに，地域材を使用した木造建築では，さらにその持続可能性が高まると考えられるだろう。

　今回提案した手法では，木造の視点によるのではなく，どの材料もフラットにその性能を評価する内容となるよう留意した。さらに，結果として示された持続可能性は，特定の人物が定めたものではなく，主観調査の回答者が考える建築物の持続可能性である。環境負荷，社会的影響がともに大きい建設活動について，可能な限り木材を利用していくことが，社会の持続に必要であるということを示す結果となっていれば幸いである。

4.6　木質バイオマスの化学利用

4.6.1　化学利用の意義

　日本は国土の三分の二が森林であり，豊富で持続的供給が可能な木材を上手に活用できれば，外国に資源の大半を頼らなくても維持していける社会を構築することができる。2050年にカーボンニュートラルな社会を達成するためには，化石資源が事実上使えなくなり，プラスチック製造などの素材産業においては，それに代わる資源の確保が必須となる。高コストなリサイクル技術だけでは根本的な解決にはならない。持続的な林業を念頭においた人工林の年間成長量（約7000万m³）[39]を余すことなく利用できれば，日本で消費されているプラスチック原料（2021年，日本はナフサ2819万kLを輸入している。国内製造ナフサは1288万kLであるが原油は輸入）[40]に代わる

39）林野庁（2021）：森林・林業・木材産業の現状と課題. 2021年7月.
40）石油化学工業協会：年次統計資料 石油化学用原料ナフサ. https://www.jpca.or.jp/statistics/annual/

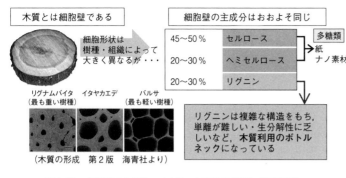

木質とは細胞壁である		細胞壁の主成分はおおよそ同じ

細胞形状は樹種・組織によって大きく異なるが・・・

45～50 %	セルロース	多糖類 紙 ナノ素材
20～30 %	ヘミセルロース	
20～30 %	リグニン	

リグナムバイタ（最も重い樹種）　イタヤカエデ　バルサ（最も軽い樹種）

（木質の形成　第2版　海青社より）

リグニンは複雑な構造をもち、単離が難しい・生分解性に乏しいなど、**木質利用のボトルネック**になっている

図4-29　木質バイオリファイナリーへ向けて（作成：福島和彦）

だけの十分な資源量は理論上あるのだ。木質バイオマスから機能的なバイオプラスチックを製造する技術が生まれれば、今求められているカーボンニュートラルな社会を実現するのみではなく、資源の自給自足にも道が拓け、中山間地における新産業創成につなぐこともできる。また、生分解性プラスチックに置き換えることによりマイクロプラスチック汚染を減らすことにも貢献する。木質バイオマスは、現段階では化石資源と比較すると相応のコスト増となるが、「都市の木質化」が進み、中規模～大規模製材工場から排出される端材やおが粉をダイレクトに化学利用に供給できるシステムが構築されれば、コストダウンにつながる。また、大気中の二酸化炭素を吸収して生成する資源である特性を活かせば、脱炭素ビジネスにつなげることも可能となる。

4.6.2　木質バイオリファイナリー（Wood biorefinery）

　再生可能資源であるバイオマスを原料に、バイオ燃料や樹脂などを製造するプラントや技術をバイオリファイナリーという。木質バイオマス（木材）は我が国においては傾斜地で生産されるので農地と競合しないこと、貯蔵（年輪構造に蓄積）や伐採後の保管（腐りにくい）が容易であることから次世代の資源として大きなアドバンテージがあるといえる。現在、木材から作られるセルロースナノファイバー（CNF）は持続可能な新材料としての期待が高まっており、世界で熾烈な開発競争が繰り広げられている。しかし、セルロースは木材の約半分であり、セルロースと取り出す際に排出されるヘミセルロースやリグニンをどのようにして使うかが、今後の木材成分利用（バイオリファイナリー）の課題だ（**図4-29**）。その鍵を握っていると言えるのが、リグニンだと言われている。リグニンは植物細胞壁（木材はその集合体）成分の一つで、セルロース繊維の隙間を埋めて、細胞接着や細胞壁の強度付与において重要な役割を担っている。リグニンの重合様式は特殊であり、前駆体であるモノリグノール類あるいはそのオリゴマーが酸化酵素によるラジカル化を受け、カップリング反応を繰り返すことによって成長する。このカップリング反応では酵素による反応制御がなく、様々な結合様式が生じる（**図4-30**）。このことによって、リグニンの構造・物性にはばらつきが生じ、高度利用への道のりは困難だった。現時点での最大用途はクラフトパルプ製造におけるリグニンを含んだ廃液（黒液）のエネルギー利用となっている。しかしながら、近年、貴重な芳香族性（ベンゼン環を有していること）かつ再生産可能な天然資源であることから、再び工業原料としての注目が集まっている。木材の20～30％を占めるリグニンを、マテリアルとして如何に使うのかが木質バイオマスの化学利用におけるイノベーションの中心になっている。

nafusa.html（2023年5月閲覧）

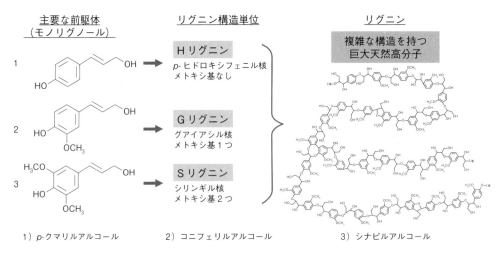

図4-30　リグニン：3種の原料から作られる複雑な高分子(作成：福島和彦)

　現在，日本発のリグニン系素材として改質リグニンが注目を集めている。改質リグニンは，ポリエチレングリコールを酸性下で反応させる加溶媒分解によって生成し，リグニン本来の構造を残しながら，化成品に利用することができる。また，木材由来のクラフトリグニンをアスファルト舗装の原料の一部に利用したバイオアスファルトの開発も進んでいる(2020年10月30日 日刊建設産業新聞)。石油アスファルトの使用量を低減したバイオアスファルト混合物を使用すると，原材料のバイオマス化に加え，原油からアスファルト道路舗装へ至る工程全体として化石エネルギー利用量の抑制が期待される。

　著者らは，リグニンの生成機構，化学構造解明等の基礎研究から汎用プラスチック，高機能マテリアルとしての利用まで，幅広いリグニン研究を展開してきた。これまでに，イオン性官能基を付与した凝集剤[41,42]や，水熱処理による植物成長促進剤[43]を報告している。

4.7　Woodcityと森への意識

4.7.1　木材活用における都市部と山間地域の意識差

　2021年10月に施行された「脱炭素社会の実現に資する等のための建築物等における木材の利用の促進に関する法律(略称：都市(まち)の木造化推進法)」によって，都市の木造化・木質化が加速している。特に建設業大手ゼネコンやデベロッパーなど，これまで非住宅分野や中高層建築物を鉄筋コンクリート造などで建設してきた各企業においても，木造ハイブリッド構造の開発が積極的におこなわれている。近年の事例で言えば，2020年東京オリンピックの会場となった国立競技場(東京都渋谷区)は，「神宮の杜と調和する市民に開かれた杜のスタジアム」として47都

41) Matsushita, Y. *et al.*(2018)：Preparation of flocculant for optimizing glycol lignin manufacturing process by cationization of glycol lignin. *J. Wood Sci.* 64：683–689.

42) Kajihara, M. *et al.*(2018)：Synthesis and characterization of lignin-based cationic dye-flocculant. *J. Appl. Poly. Sci.* DOI: 10.1002/app.46611

43) Liu, Q. *et al.*(2019)：：A lignin-derived material improves plant nutrient bioavailability and growth through its metal chelating capacity. *Nature Commun.* 14: 4866.

図4-31　国立競技場：内観(撮影：荒木慶一)

道府県から調達した木材が約2,000立方メートル使用された[44](図4-31)(図4-32)。また，都市部の周辺地域から調達された木材を使った複合施設が建設されるなど，以前に比べ都市部においても木材を目にする機会も増えてきた。2020年にオープンした複合商業ビルであるWITH HARAJUKU(東京都渋谷区)には，「この建物には「東京の木　多摩産材」が使われています　東京多摩産材を利用し，東京の豊かな森づくりを応援します」と書かれたプレートが取り付けられている(図4-33)。しかしながら，一体どれくらいの人々が「地域産材を積極的に活用すること＝豊かな森づくりにつながる」と想像できるのだろうか。都市の木造化・木質化を創造する上での最大の阻害要因は，一般市民において木材選択への動機付け，モチベーションや理由付けがそもそも欠落していることにあると考えられる。「木材の良さは使えば分かる」とは多くの木材関係者が共感するところではあるが，一般市民にとっては木材利用は戸建住宅の購入という限られた非日常の行為に留まっている。

図4-32　国立競技場：外観(撮影：山出美弥)

4.7.2　木材活用における担い手育成の必要性と課題

　普段から建築学を学んでいる学生においても都市や建物の「木造・木質化」と聞いて実際の空間をイメージできる人はそう多くはない。建築計画や建築意匠を学んでいると，設計事務所ないしは工務店に発注をかければ木材は半ば自動的に手元に届き，設計図面通りに建物が出来上がると思っている。実際その通りなのだが，その木材がどこで成長し，切り出され，どこで加工され，どのルートを辿って手元に届くのかなどの一連のストーリーは想像し難く，その原因は現在

44)　林野庁(2020):「国立競技場」における木材利用の取組. https://www.rinya.maff.go.jp/j/riyou/kidukai/tokyo2020_kinokuni_kokuritsu.html(2023年5月閲覧)

図4-33　地域産材を活用していることを示すプレート：WITH HARAJUKU 1階エントランス
（撮影：山出美弥）

の教育プログラムにあるのではないかと考えられる。また，木材利用への注目が急速に高まる一方で，木を生産する山間地域と木材を活用する都市部双方をつなぐコミュニティへの関心は依然として低いことが挙げられる。農林系の社会課題である「人工林の荒廃や山間地の過疎化」と都市計画系の社会課題である「都市コミュニティの空洞化や環境負荷の増大」は，課題の構造が本質的に類似しているのではとの指摘がある一方で，木材[45]生産者と消費者間の意識には大きな乖離が存在しており，それは既に教育現場から始まっているのではないだろうか。山間地域における課題は農学部（森林学）で学び，都市部やコミュニティに関する課題は工学部（建築学）で学ぶ，といった細分化された教育プログラムを今後，見直さなければならない。

　このような背景の中，山間部と都市部の両者の課題を総合的に考える必要があると考え，2019年に「特定非営利活動法人　都市の木質化プロジェクト（以下：NPO都市木[46]）」が発足した。NPO都市木の特徴は，すべての活動において「地域的に・専門分野的に・職種的に・世代的に」通常の枠組みを超えて連携していることである。活動の柱は，①（問題を共有し，解決に向かって行動できる）人づくり，②（コミュニティ豊かな環境共生型の）まちづくり，③（人も自然も活性化した）森づくりであり，山間地と都市部双方の課題を共有し，課題解決に向けて議論を深めるための研究会と勉強会（定例会議，シンポジウム，ワークショップ，連続講座など）の開催や地域材を用いた都市の木質化の提案と実践，次世代の担い手育成としている。次項では，実際にNPO都市木が「ひ[47,48]とづくり，まちづくり，森づくり」を軸に行ってきた活動から実践的建築教育の在り方を考えてみたい。

4.7.3　学生建築デザインコンペ──愛知県岡崎市の地域産木材の活用促進事業──

　「建築デザインコンペ（以下：コンペ）」とは，設計競技大会のことを指し，実際に建物を建設する際やアイデアを競う際に用いられる手法であり，教育現場においても設計技術の向上やデザイン思考を養うために度々，採られる教育手法である。ここでは，2022年10月から2023年3月に愛知県岡崎市とNPO都市木が協働で実施した学生建築デザインコンペの取り組みから，都市の

45）渡邉誠一郎ほか2名（2014）：臨床環境学．名古屋大学出版会．
46）NPO法人都市の木質化プロジェクト．https://woodismcity.net/（2023年11月確認）
47）山崎真理子ほか4名（2020）：林学・林産学系および建築学系大学生による能動的学習機会の開発その1．木構造物デザイン提案プログラムの実施と検証．日本建築学会大会学術講演梗概集（関東），657-658．
48）小島瑛里奈ほか2名（2020）：林学・林産学系および建築学系大学生による能動的学習機会の開発その2．創設から2年間の活動分析と今後の課題．日本建築学会大会学術講演梗概集（関東），659-660．

図4-34　学生建築デザインコンペ作品募集ポスター（作成：山出美弥）

木造木質化に資する担い手育成に必要な知見を得たいと思う[49]。今回のプログラムは，愛知県岡崎市に現存している保育園の建て替え（一部リノベーション）事業を想定した。参加者は愛知県周辺地域の建築系大学生（大学院生含む），高校生など5チーム21名であった（**図4-34**）。

近年，保育施設においては，木造園舎や内装を木造木質化する事例が多くみられるようになったが[50]，その要因として，脱炭素社会に向けた木材利用活用促進法や木材利用に対する補助事業などの政策的な側面に加えて，木材を多用した場合「利用者が疲れにくい」，「リラックス効果がある」といった心的要因に着目した研究結果[51-53]が影響していると考えられる。一方で，社会的な保育需要の高まりに合わせて増加する大小様々な木造木質化された保育施設を概観すると，その工期の短さや予算の厳しさから安価な仕上げ材が使われていたり，保守整備が不要である点を重視する設計方針が散見される。保育施設の木造木質化は，持続的な林産業や環境配慮の視点のみならず，子どもが長時間生活する空間の質を議論するという視点からも非常に重要であると考えられる。

ここでは，地域産木材を活用した保育施設のコンペへの参加者を対象として，木造木質化に関する意識を把握するとともに，木材活用促進における教育の在り方について考察していく（**図

49）　山出美弥，早川亜希（2023）：学生建築デザインコンペにおける保育施設の木造・木質化に係る意識把握——愛知県岡崎市の地域産木材の活用を事例として——．日本建築学会大会（近畿），725-727.

50）　ここでは，保育所，幼稚園，認定こども園などとする。

51）　西本雅人ほか3名（2019）：内装木質化の保育室に関する保育者による評価．日本建築学会計画系論文集84（756）：355-363.

52）　新井琢磨ほか2名（2017）：近年の大規模木造幼児施設における内装の木質化に関する研究．日本建築学会大会学術講演梗概集（中国），855-856.

53）　萬羽郁子ほか3名（2018）：室内環境測定と保護者・保育士を対象としたアンケート調査による保育所の内装木質化の評価．人間と生活環境 25（2）：93-105.

図4-35　学生建築デザインコンペ作品模型（撮影：早川亜希）

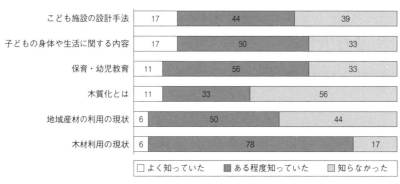

	よく知っていた	ある程度知っていた	知らなかった
こども施設の設計手法	17	44	39
子どもの身体や生活に関する内容	17	50	33
保育・幼児教育	11	56	33
木質化とは	11	33	56
地域産材の利用の現状	6	50	44
木材利用の現状	6	78	17

資料：アンケート調査結果

図4-36　木材利用に関する知識量（複数回答）：単位％（山出・早川 2023）

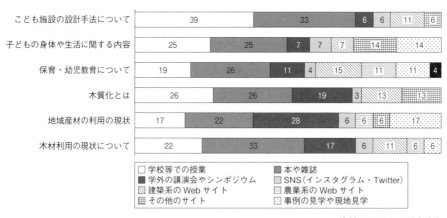

	学校等での授業	本や雑誌	学外の講演会やシンポジウム	SNS（インスタグラム・Twitter）	建築系のWebサイト	農業系のWebサイト	その他のサイト	事例の見学や現地見学
こども施設の設計手法について	39	33	6	6	11			6
子どもの身体や生活に関する内容	25	25	7	7	7	14		14
保育・幼児教育について	19	26	11	4	15	11	11	4
木質化とは	26	26	19	3	13		13	
地域産材の利用の現状	17	22	28	6	6	6		17
木材利用の現状について	22	33	17	6	11		6	6

資料：アンケート調査結果

図4-37　保育施設設計に関する情報収集媒体は何か（複数回答）：単位％（山出・早川 2023）

4-35）。

　まず，コンペへの参加者を対象に，「木材利用に関する知識量」に関するアンケート調査を実施したところ，「木材の利用現状」については「知っている」，「ある程度知っている」を合わせると84％であった。一方で，「木質化とは何か？」については56％が「知らなかった」と回答している

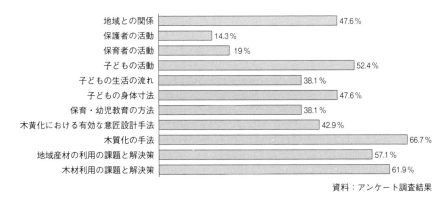

地域との関係　　　　　　　　　47.6%
保護者の活動　　　14.3%
保育者の活動　　　19%
子どもの活動　　　　　　　　　52.4%
子どもの生活の流れ　　　　38.1%
子どもの身体寸法　　　　　47.6%
保育・幼児教育の方法　　　38.1%
木黄化における有効な意匠設計手法　　42.9%
木質化の手法　　　　　　　　　　66.7%
地域産材の利用の課題と解決策　　　57.1%
木材利用の課題と解決策　　　　　61.9%

資料：アンケート調査結果

図4-38　設計提案を検討するため改めて学習した事柄(複数回答) (山出・早川 2023)

ことが分かった(**図4-36**)。次に「保育施設設計に関する情報収集媒体は何か」についての回答を
みると,「学校等での授業」,「本や雑誌」との回答が多い一方で,「学外の講演会やシンポジウム」,
「建築系のWebサイト」,「事例の見学や現地見学」から情報を得ていることが明らかとなった(**図
4-37**)。それに対して,コンペ後の木材利用に関する意識の変化をみると,「設計提案を検討す
るため改めて学習した事柄」として,「木質化の手法」が66.7%と最も高く,次いで「木材利用の
課題と解決策」が61.9%,「地域産材の利用の課題と解決策」が57.1%であり,「子どもの活動」が
52.4%という結果となった(**図4-38**)。

　森と都市をつなぐ人材育成の観点から,愛知県岡崎市の保育施設を対象とした学生建築デザイ
ンコンペへの参加者の意識をアンケート調査より把握したが「木質化」についての知識不足が顕
著であることが明らかとなった。一方で,保育施設に木材を使用した場合,保育への影響がどの
ように表れるのか,また,地域材の特徴を生かした設計とはどのようなものなのか,などについ
て興味を持ち知識を深めたいと考えた参加者が多くいることなども明らかとなった。

　このような活動をきっかけにして,今後も建築教育の現場から「地域産材を積極的に活用する
こと＝豊かな森づくりにつながる」といった意識を根付かせる取り組みを地道に続けていくこと
が重要であると考えている。

第5章　Woodcityが目指す社会像（座談会）

　進行── 先日，名古屋大学で開催されたオンラインセミナーで木造都市の話を紹介したので，まずはその際のイメージを共有した上でディスカッションに入りたい。本日の参加者は次の通りである。市岡利之(TI)，岩永青史(SI)，小川敬多(KO)，河崎泰了(YK)，佐々木康寿(YS)，末定拓時(HS)，高井香織(KT)，福島和彦(KF)，渕上佑樹(YF)，山﨑真理子(MY，進行)。本日のディスカッションでは6つのテーマ（AからFまで）を事前に用意した。そのテーマは次のとおりである。

　A：材料調達（供給力）対象：素材，製材，乾燥，加工（木質材料の生産，プレカット，プレファブリケーション），インフラ整備，域内経済：貢献／創出／発展，何を工夫するか，どんな発展が望まれるか

　B：Woodcityを面的展開することの意義，まちづくりの観点から，材料の観点から，需要の安定化→インフラ投資を後押し，大量・集中利用→バイオリファイナリの実用化，木造都市が生み出す魅力

　C：Woodcityを考えたから気が付いたこと／生まれたアイデア，建物のあり方，構成，木造，木造・他構造に関係なく，サステナビリティ，安全性，豊かさ，内需，新たな価値観，改めて見直される価値観

　D：豊かな森林資源（人工林）を有する地域（国）の意義（価値），都市木が駆動力を発揮することで創出される次のステップ，森づくり，中山間地域の活性化，バイオリファイナリの実用化，都市部と中山間地域の連携（産業的側面，人的側面，価値感），多様性

　E：未来を考える／将来像を描く，人工林の姿，林業の姿，中山間地域の姿，街の姿，ライフスタイル，建築業の姿，林産業の姿，サプライチェーンの在り方，循環性，人，人材

　F：産・官・学・民それぞれの役割と協働，何が得意／現状で充実している武器，何が苦手／現状では不足している点，何をしてほしい？　連携できること，その効果，理想の未来を創出する人材育成

　当研究会のこれまでの活動のなかでは，Aの材料の供給量や調達など，材料をどうするのかという話題が多かった。材料調達や供給量といっても，立木レベルの話題，森林の人工林の話題もあれば，集成材はどうなのかという話題もあり，段階がいろいろあったと思うが，そういったものも全部含めたテーマという感じになる。BはWoodcityを面で考えようというのが，この研究会の特徴である。面で考えることの意義，そこから出てきたアイデアなどが入る。加えて，まちづくりや材料の話，木造都市の魅力も議論してみたい。また，CではWoodcityを考え始めたことによって出てきたアイデアなどを話したい。Dについては，豊かな人工林資源を有する地域の意義や価値を考えてみたい。先ほど，同僚と話をした時に衝撃だったのが，村が総力を挙げても

手に負えないぐらいの膨大な資源があるがために，手に負えなくなって固まってしまって，むしろやる気を失う方向にいっている。そのようなことがあるのかなと思うが，せっかく豊かな人工林資源があるのだから，これを強みに変えられるような議論ができればと考えている。豊富な人工林を持っている国であることの価値や意義，強み，というようなことである。E では，バイオエコノミー，サーキュラーエコノミーというが，未来はどのようになっていくかという問題があり，ここでは，そこにいくためには，それぞれがどんなことができるのか，政治問題だという指摘もあるが，そのあたりもディスカッションしたい。用意したテーマ全てを整理できないかも知れないが，できる範囲でやってみたい。では，名古屋大学のセミナーにおける木造木質建築の講演内容を紹介して，まずはそのイメージを共有したい。

【話題提供：木のイノベーションで森とまちのみらいをつくる〜木造木質建築の可能性〜】

　YK── 1月11日に山﨑先生と私とで名古屋大学の豊田講堂で木造都市の講演を行った。内容は，私の本業である計画設計や都市開発関連など，弊社の取組を話題として提供した。まずは，都市の木質化を図るためにはいろいろな法規制がある。例えば，いわゆる普通の集成材だけでは耐火建築物にならない。弊社（竹中工務店）では「燃エンウッド」という名称で，1時間耐火，2時間耐火，今では3時間耐火もあるが，火に強い木材を開発している。2013年から造り続けていて，大阪木材仲買会館をはじめ，今では17件の耐火木造建築物を造っている。大阪木材仲買会館では内部にも多くの木材を使い，木に覆われた空間になっている。既に10年を経過しているが，中に入ると現在もなお木の香りが漂っている。また，名古屋ではAT グループ本社北館愛知トヨタショールームの梁に耐火木材を使用している。手前のショールームが燃エンウッドの使用エリアになる。木と鉄のハイブリッドというコンセプトでつくられている。千葉県の新柏クリニックは，木造3階建ての透析専用クリニックである。透析は長い時間がかかるので，患者の方にできるだけ精神的負担をかけないように建物を木造化している。

　現在はCLT が注目されているが，弊社も 2018年から造り続け，現在9件が完成している。兵庫県の川西市にある弊社の研修所はCLTパネル工法でできている。CLTパネルで部屋を囲っている形である。

　高層木造建築では2時間耐火が必要になる。仙台泉パークウッド高森はCLTの床・壁と燃エンウッドを柱に採用した10階建てのマンションである。床はCLTだが内装制限で準不燃性能が求められるため天井部分は石膏ボードを張っている。現在はCLTを現しにする使い方も開発中である。2020年の2月に完成したフラッツウッズ木場という建物は，半分は弊社の社宅になっていて，残り半分は賃貸である。基礎免震も採用している。12階にカフェテリアを併設し，木のぬくもりを感じることのできるラウンジになっている。弊社では高層建物を推進しようということで 2019年から10階建てを手がけており，将来的には20階建てを目指そうということで，Alta Ligna Tower のパンフレットを作りPRしている。東京で2件，大手のデベロッパーと協働してこれに近い規模のプロジェクトが進行中である。世界の状況を見ると，8階建て以上の木造建築プロジェクトが84件ある。

　構造は，純木造，コンクリート＋木造のハイブリッド，鉄＋コンクリート＋木造ハイブリッド，鉄＋木造ハイブリッドである。8階建て以下は，かなり膨大な数になるので整理していない。こ

の中で 8 階建て以上のプロジェクトでは，低めの 8 〜 10 階建てぐらいが多いので，この辺が合理的な高さであろうと思っている。

【ヨーロッパに学ぶまちづくり】

　YK —— こうした中，欧米では木造の町（Woodcity）をつくろうということで，ヘルシンキでプロジェクトが立ち上がった。サステナビリティ精神に基づいた総面積が 34,000 平米の住宅・ホテル・店舗・オフィス・駐車場からなるプロジェクトである。海の近くの木造ファサードはヘルシンキのランドマークになるだろう。1 階と地下部分が RC 造で，その上は木造になっている。事務所部分は Supercell というゲーム会社の新社屋である。駐車場が 170 台分，1 階部分のロビーは視覚的に非常に柔らかい雰囲気の空間をつくっている。木造部分には LVL が使われている。床の LVL は StoraEnso の工場で生産，木材は近くの私有林で調達したとのことである。CLT はスウェーデンの同社工場で生産している。オフィスに投入した木材は，1 年間で自動車 600 台分の走行に相当する CO_2 を貯蔵するということで，エコアクションとして認定されている。オフィスの横では SRV という会社が開発する集合住宅ができている。配置は，オフィス・ホテル・集合住宅 2 棟，中庭もあり地下が駐車場で，サステナビリティがコンセプトになっている。建築主の要求も高く，中庭には素材感を出すなど気を遣っている。レンガや鋳鉄を使いながら，木も含めて素材感を十分生かしながら高品質で耐久性のあるもので造っている。構造は木造ビルであり，この地区では木造を展開していこうという考え方と思われる。ヨーロッパでは一般的に中層・低層の街区になっているが，Woodcity を考える上では中低層というところに着目して考えていきたい。

【Woodcity のモデルづくり】

　YK —— Woodcity のモデルづくりの条件としては，ビジネス，商業，住宅が混在している区域と，郊外の中心市街の周辺区域である。それらの区域の容積率は 200 ％から 100 ％ぐらいが狙い目になると思う。木材利用量は歩掛 $0.2 m^3/m^2$ を目標としてイメージしながらモデルを考えた。

　この研究会では低層を狙っているが，なぜ低中層なのか，それはデザイン的にも空間の質が，特に外部空間の質がよくなると思うからである。法的な理由としては耐火時間が 1 時間で済む，もっと面積が小さくなれば準耐火でもいける。機能的な理由としてはメンテナンスが挙げられる。例えば 20 年ごとに大規模改修となると足場を設ける必要があり，高所の足場と低層の足場ではかなり違う。風圧についても上層のほうは窓ガラスが厚くなる。そうなると低中層の方がトータル的に考えればローコストだろう。構造的にも部材の大きさ，柱・梁の断面も小さくて済む。環境的な要素としては，屋上の太陽光パネルの面積は相対的に大きくなるし，施工時の CO_2 排出も削減できるので環境にやさしい町ということになる。それに加え，低層の場合はエレベーター利用が激減する。上層の十何階まで行くには，ほぼ毎回エレベーターを利用するので，それだけエネルギーを使うことになる。水の利用などを考えても低中層が有利である。最後に，施工的には中小ゼネコンでも対応できるということがある。そういうことを加味しながら Woodcity の実現を皆で考えることが大事だ。

　そういう中で，ただ単に木を使うというのではなく，その町全体が『居心地が良くて歩きたく

なるまち』になる必要がある。最近，国交省もウォーカブルをPRしている。『歩きたくなる』，『まちに開かれた1階』，『多様性』，『心地よい』をキーワードにWE DOということで，1階部分を賑やかな空間で居場所をつくるようなことを進めるプロジェクトである。そういう1階部分にはグリーンインフラ，雨水貯留層の機能，水の活用などが展開するコミュニティーができるだろうと思う。私自身は木を絡めたまちづくりの活動を10年前から行なっている。ウッドデッキやベンチなどを設置しながら企業と町と一緒になってまちづくり活動を継続している実績がある。このような木材利用をDIYなども絡めながらまちづくりに活かす取り組みは低層の町にとっては非常に有利だと思う。コミュニティーを生みながらまちづくりを皆と一緒になってやるということが非常に大事なことだ。さらに名古屋の錦二丁目ではエリアマネージメント会社というのも生まれて，まちづくりを育成していくことが業界にも広がってきている。Woodcity研究会としても，都市の木質化プロジェクトの考え方を継承しながらWoodcityを考えていくことが良いのではないかと思う。

【低層化・容積率】

　MY── 先日のウェビナー会議に遅れて参加した研究者の談として，「彼らは街に対して何の責任も持ってない。瞬間で売り抜けていけばいい。対して，街や森はストック型の産業で，瞬間的に売り抜ければ良しとする経済感覚に牛耳られてしまう」と。街におけるストック価値がなくなり，街そのものの価値がなくなってしまう。ストック価値の重要性について論を積み上げたところで，問いがあるとすれば地震や火事はどうするのか，いつまで経ってもそれかということになる。

　YS── 例えばタワーマンションなどは投機対象になり得る。買う人の意識が貧しいということではなかろうか。街に対して責任を持たない人が入り込んでくるのは，山の話と似ている。買う人や住む人だけの問題や責任ではなく，街を魅力的にして，その街に住みたいと思う人たちを大切にして増やしていくことが大事だろう。

　MY── むしろ逆で，空間をつくっている側の今の経済スタイルが，ストック型の経済を生み出すことに不向きな商売スタイルなのではないか。しかし，住民側の経済とは，その瞬間の経済なのか，それとも50年，100年スパンで考える経済なのか。

　YK── ところで，低層の何が良いのか。低層であればNet ZEBに近づけることはできる。これと階層との関係は，低層になれば，それだけエレベーターも使わなくなる。高層だとどうしてもエレベーター使用でエネルギーを喰う。低層に抑えれば水などの問題もうまく回せる。豊富な地下水も温熱に活用すれば低層だったらNet ZEBの建物は可能になる。建設時と解体時に要するエネルギーや建物の維持管理でもある程度ゼロに近いところでできれば，森林のCO_2の吸収分で本当にゼロ近くにいけるのではないかというイメージを持っている。

　MY── 高層の維持管理は，とにかく大規模になる。建物の価値を守るために維持管理の目安が示されていて，マンション建物などでは20年に1回程度は必ず大規模修繕工事を実施することになる。足場を組むにも高い費用がかかり，高所作業になればエネルギーも必要になる。階高を抑えれば，その分のメリットはあるだろう。

　YK── 一街区でマンションを計画するなら高層建物の計画が一般的である。いろいろな書物

に依れば郊外だと大体容積率200％程度である。容積率が600％や800％になると箱型のすごく高層になってしまい，諸々の環境にとって好ましいのだろうかと思う。ほとんど壁で覆われた都心部のマンションは快適だろうか。そう考えると郊外の200％の街なのかなと思う。どうしても都心部で新しく計画するなら，容積いっぱいのものを建てたくなり，それだとどんどん高い建物を建てたらいいという事なる。バリエーションは出るだろうが，限られた面積でどれだけの容積を積むかという競争になる。

　MY —— 都市計画的には容積率が時代的に合っていないという議論は出ないのか，これ以上は建ててはいけないという。本来容積率は，「ここまで目いっぱい建てていいよ」ではなくて，最大でもこの辺にしておこうと線引きをするためのものであって，その辺の意味が伝わっていないのは問題だと思う。そもそも容積率いっぱい積み上げるのは人口が増加したり，都市集中が豊かさの象徴のように思い込んでいた何十年も前の話だろう。低層に抑えるのは贅沢だという我慢の意識があったのではないか。現代は人口増加が止まる中で地方再生が問われており，時代に合っていないのではないか。

　YK —— 600平米で高層で計画する場合と，そうではない場合もある。容積率が200％でできる場所もたくさんある。例えば，町外れの工場がいくつもある場合，新しくエリアを再編しようということで，大きなスーパーマーケットやショッピングセンター，モールなどができたとする。ところが，それらも老朽化でまた壊して，ということが既に起こっている。そういったことの繰り返しになっているが，それが本当に持続的なのかと疑問に思う。

　MY —— 超都心部というのは日本でもそんなにあるわけじゃない。Woodcityを考えるのに，いきなりそのような超都心部を想定するのではなくて，もう少しボリュームゾーンのあるところの方が考えやすいし価値が生まれるのではないか。

　YK —— Woodcityの勉強会では，そういったところで「学び」や「医療」だとか，木と町をつなぐ場所で，本当にリアリティーのある場所とはどこかということで，郊外でも少し離れた所で新しいスマートシティであるとか，完全にまっさらに工場再編みたいなことが結構あるので，こういったWoodcityのアイデアをぽんとやれば進むようなことも考えられる。用地物件としてはリアリティーのある話なので，こういったものを持っていればタイミング次第で提案はできるかもしれない。

　参加者 —— 国際木造建築展みたいなものでデザイン関係の人達にも入ってもらうと面白い。

　MY・YK —— 提案ができたときに，デベロッパーさんにも乗ってもらえればできるかもしれない。建て方などでは，ある程度の縛りをつくるなどにより，容積だけ稼いだらよいというのではなく，まちづくり込みで展開していくなどして。デジタル田園構想もあるので，そういうところに位置付けられたら拍車もかかるだろう。

【材料供給力】

　MY —— 状況的に川上側の元気が減退している，これ以上やっても仕方がないようなトーンが感じられる。直接的に解決することはできないが応援する必要はあるだろうと思う。資源についても，対応できないほどの資源があって茫然としている。そうこうするうちに地域の人たちの年齢が上がってどうにもできなくなり，もうやめようかという雰囲気になっているという話を聞

く。先ほどWoodcityを造ろうとすると5万立米の木材が必要だという話があった。これに関連した意見はないか。

　HS —— 信州地域の最近の建物公募での話だが，建物を建てる時に山側で出す丸太はどれほど必要かという規模感を，設計者が十分に把握できていないことがあるのかも知れない。実際の構造材は，丸太から製材するので無駄が多く出る。建物に必要な木材の材積よりも，森ではもっとたくさん伐らないといけないということにあまり想像がついていないのかなという感じがした。どの程度の量を山側で出す必要があるのか，またどのぐらいの量が山側で出せるのか，実際に対応できる生産体制が地域にあるのかなどの量的な感覚は，経験がない設計者には伝わらないかもしれないと感じた。

　YS —— 必要量は比較的簡単に概算できる。彼らがイメージできない理由として感じるのは，山や建物を見た時点で思考が停止してしまい，どれほどの木材やコンクリート・鉄が必要か，見積りのプロは別として，量的な感覚が湧いてこないのだろう。CO_2排出量についても然りだろうと想像する。森林や都市に関わる量的感覚を関係者がイメージできるように，概算だけならプロでなくても推定できるようになると良い。似たようなことで，森林や環境を改善する名目で菓子箱や鉢植えカバー，ベンチなどを地域産材で作る補助金事業をよく見かけるが，問題解決に向けた診断・処方箋・治療が少しずれていると思う。Woodcity構想を説明すると禿山になってしまうという指摘も未だに出てくる。こういったことのスケール感は未だ理解されていないと思うので知見を繰り返し発信していく必要があるのだろう。我が国の木材生産効率は低いのだが，Woodcityが前進することで川上側に対して需要の刺激，生産力の増強につながることを期待している。

　SI —— 資源量や生産量で気になっているのは，先ほどのスライドでスウェーデンの資源量は少ないという話があったが，スウェーデンでは森林から材をWoodcityに出している。これは持続的に行われているのだろうか？　つまり，使う側は「使いますよ」と言っても安定性がないと，出す側は安定（安心）して出せない。リーマンショックや2012年の税金の関係での木材価格の上昇など，その度に購入できなくなるということを繰り返してきた。使う側が「使いますよ」と言っても，その辺の安定性を担保しないと山側は出し続けられないだろうと思っている。木材加工側は，「山側はもっと出してくれ」，「買うよ」と言ってはくれるが，実際にはそんなに安定しては買ってくれない。山側には，アクションにタイムラグがあり，出す側は様子を見続けて，買ってくれるようになれば出そうか，という少し遅れる感じがある。「量を買うよ」ということよりも「安定性」が大事だろうと思う。

　MY —— 「安定性」ということは，例えばWoodcityでいうなら，あれを一気に造ろうという話ではなく，例えば10年ぐらいかけて整備していくという話があったが，年間大体これぐらいずつは木材が必要だという話であればOKか。

　SI —— 街ができて，その次，そのまた次はあるのかということだ。何万立米かを使った後で次の都市に行けるのか，その辺の事情がちょっと分からない。

　MY —— フィンランドでは，ヘルシンキのWoodcityだけではなく郊外に中低層の木造住宅団地を新しく造っている。そういう意味では安定的に需要は満たされている可能性はある。

　例えば，集成材を製造する場合に，ラミナが国産材であるに越したことはないが，製材，乾燥，

グレーディングなどの問題があり，スムーズには事が進まない。そうした時に輸入材を扱う商社などから「乾燥製材をパッキングして港まで届けます」と言われたら，「では輸入材でやりましょう」となってしまう。川中の立場としては，川下から「(納品を)待っています」と言われている時に「供給できません」とは言えないわけで，結局予定の立てやすい輸入材で集成材を造ることになる。決して木材需要がないわけではない。川上側は「木材を買ってくれない」というが，実際は輸入材が半分ぐらいを占めている，市場を喰われている。需要が全くないのならともかく，その辺はそもそもかみ合ってないと思う。

　YK── ヘルシンキの Woodcity では，SRV という企業と Stora Enso が一緒になって街を開発している。だから，出す所も作る所も Stora Enso，そういうのが一緒になって，自分たちでどんどんエリア開発していくので常時プロジェクトがコンスタントに出る。このような日本版はないのかなと思う。

　SI── 多少価格が上下しても，自分の所でストックしておいてという感じだろうか。

　MY── 自分の山を伐り出して売りたいんだから需要も生み出さないと。需要をつくるということは，すなわち，自分の所の材料を使う仕組みを作るということ。

　SI── 全国規模の，ある木材会社さんはそういうのをつないでできているんだと思っている。建設まではしていないが，山林，バイオマス，チップ，そして木材ということで，ウッドショックの影響も少なかったように聞いている。

　KO── 持続性の観点でいうと，安定的供給のためには供給する側が使い方まで一緒に提案することが必要と思う。食材メーカーがレシピや料理法までセットで届ける。昔のツーバイフォー工法が，材料だけ届けるのではなくて，家の造り方や工法などをセットで届けたように。

　YS── それについては先ほどの Stora Enso もやっているようだ。かつて TJI 普及のためにスパン表を提供していたのと似ているかもしれない。CLT や LVL など自社の材料を使って設計施工してもらうために構造設計ソフト，材料データなどをオープンにしている旨の説明を受けた。自社の材料を使ってもらい，設計施工面で協力することで川下側をエンカレッジしている。このような姿勢は好影響があるだろう。彼の国での森林資源産業の規模や経済貢献度が違うので，そのままと言う訳にはいかないが，参考になるだろう。

　MY── 例えば，建設時のプロジェクトチームの中に，最初から生産者側にも参加してもらえば多少はうまくいくのかもしれない。立場の違いによる行き違いは，共通の責任を持つシステムがあれば解消できるのではないか。先ほどの信州のケースも両者間で情報の風通しが良くなればもっと改善されると思う。設計士は必要木材量や伐採量を知らなくても，早い段階で山の現況はこうだ，製材するというのはこういうことだというのを知ることができる。少なくとも，設計する人には，次に何か考えるときにそれが頭に入った上でプランを立て始めることになる。

【面的展開の意義】

　YS── 今回，研究会で考えた約 20 ha 規模の Woodcity で使う木材量が 5 万立米として，これを例えば 10 年計画で進めるとすると単純割で毎年 5,000 立米になる。当該プロジェクトでそのような需要のあることを保証すれば，川上側や川中側が長期的なスパンで生産し，安定的に供給してくれる仕組みができるだろうか。

　　フィンランドの例では国や市が環境配慮型都市の実現という課題を設けて国際コンペを共同主催し，イギリス主体の多国籍チームが提案した木造による街づくりが採用され，実際に建設中に至ったようだ。長い時間スパンで産官学が取組んでいるようだ。日本でいうとJSTやNEDOのような機関が相当するのだろうか。CO_2排出削減と森林を結びつけようとするなら，その処方箋と治療としては，まずはWoodcityを実現するフォローが欲しいと思う。CLTも補助金がなくなれば一気に需要が減るとの囁きがある中で，持続性を考えると補助金から自立することも大事だろう。

　　MY ── 日本に置き換えるなら，今回の東海バイオコミュニティのようなものが，現状ではただの看板だけだが，ある程度信頼の持てる団体だと認知されたなら，何処そこの工場跡地にWoodcityを10年かけて造ろう，のような実践プログラムはあり得るのではないか，期待したい。

　　YS ── そうなった場合，今回のWoodcity規模で5万立米，10年計画として1年で5,000立米になる。これに対して，例えば愛知県の製材生産量は年間6.7万立米程度だったように思うので，目安として1割程度増産することになる。生産量を1割上げてWoodcityに10年間供給し続けて，近場に集成材工場が出来て，併設のバイオリファイナリー関連施設も収益を上げて，そういうことを10年間続けたら定着するだろうか。

　　参加者 ── 苦しいのではないか。

　　MY ── このプロジェクトは動く，約束できるとなったとして，5,000立米の規模感は分からないが，次のプロジェクトがないとやっぱり難しいと思ってしまうだろう。今の能力をそれほど上げることなく，現状の中でやっていこうとする選択肢を取るのではないか。しかし，このパターンが度々起こるという話になれば，役所も世間も「なるほどそういう産業があるのか」という話に発展しないか。

　　YS ── 全部で5万立米を必要とするプロジェクトが，取りあえず10年間続くということになれば，点的であっても連続する都市同士が，例えば東海道沿線に連続する10くらいの都市でやろうかという雰囲気を作りたい。

　　MY ── そのためにはWoodcityが魅力的であるということが見える化されることが大事だ。第2，第3のWoodcityが出てくれば当たり前のことになる。

　　YS ── Woodcityは持続可能な社会を目指すものであることを理解してもらうことが大事だと思っている。脱炭素に貢献してくれるのは木材であって，我々は栽培する側だ。大きい工場やプラントを造ったり困難な技術開発しなくても，森林の育成に努力すれば良いわけで，他に比べればローテクでローコストだ。そうした上でWoodcityが持続可能な社会の実現に向けた貢献ができることを伝え続けることが大事だろう。

　　MY ── 今のような話が来たときに，川上側は乗るだろうか。

　　YF ── 今日の話を聞いていて，5万立米を何年かに分けて供給する話があった。大規模建築を建てると，構造用集成材・CLT等のエンジニアリングウッドがマスとして求められる。製品としてそれだけ必要となると，歩留まりから考えてその3～4倍ほどの原木が必要になる。製品で5万m^3であれば必要な原木は15～20万m^3となる。対象製品用の原木だけを狙って伐りだせるわけではないので，実際にはさらにその何倍かの木質バイオマス（原木，梢端や株元などの燃料材）が生産されることになる。これら全ての木質バイオマスの供給先をどのように確保していくかま

で考える必要がある。

【Woodcityで気付いたこと，豊かな人工林のある地域・国の価値】

YF── 関わっている地域は，国産材を使おうという流れにある中で生産量は伸びてない。伝統的な林業地域では，役物の生産が多い。国民が，山・林業にもっと森林環境税や各種補助金などを投入しても良いと思える森とは，多面的機能を発揮するような，広葉樹や下草があって多様性が育まれているような明るくて親しみやすい森ではないだろうか。国民が日本の森に期待しているイメージと，Woodcityに必要な木材を供給するための森，つまりは素材生産量の確保に重点を置いた森とではイメージが重ならない。Woodcityの推進は地球規模で環境問題を捉えて，国民に理解を得ながら答えを出していくものだが，Woodcity推進によって日本の森や林業のあり方がどう変わっていくのかについてはイメージされているだろうか。

MY── 結局，林業というものが全くイメージされていないということではないか。森林や木はイメージされているかもしれないが，イメージの中に林業がない。

KF── 新国立競技場は，壮大な実験をやっていると思う。プロジェクトの関係者は，日本の森が元気になるといって屋根に木を入れたが，著名人に頼るだけでは長続きしない可能性があるので，そのようなことに依存しない強さが必要だろう。木造建築を所持することは，適切にメンテしながら長持ちさせること，それで景観も良くなり，山も育ち，二酸化炭素削減にもつながることを丁寧に説明していく必要がある。いまだに木を伐ったら環境破壊という人は多い。脱炭素社会を実現することは，われわれのライフスタイルの転換を必要とする。関わっている人たちは丁寧に説明する必要があると思う。

MY── 東海地域は役物が好きだと思う。見た目の色艶や節をすごく気にしている。そして，「そういう物が売れなくなった」と言う。では，売り先を考えればいいのではないかと思うわけだが，出てくるアイデアが和風住宅とか何かで，全然変わりばえがしない。和風住宅が悪いわけではない。私自身は和風にも復権してほしいと思うが，反面それだけで利益を出すことは出来まい。住宅自体が減っていく。大学入学共通テストの受験生が51万人しかいない時代に，和風住宅だけでこの膨大な日本の森林を救えるか。スケール感が噛み合っていない。材料としての役物はあってもいいが……。この地域の関係者にはWoodcityは通じにくいと感じている。林業がなくなっていこうとしているのに，それは何なんだろうなと思っている。

KF── 役物とは，幅広いから役物が出る。面で考えて，Woodcityみたいなものがどんどんできると役物が出てくる。例えば，10ｍ年輪が並行だという役物があるが，何千本，何万本に1本しかない，そういうものだ。しかし，規模が大きいから，そういう役物が出てきて高い値段で買う人がいるのも，やはり業界全体としては大事である。

MY── そうすると希少価値が出てきて，そこに価値を置いて買う人もいるだろうということか。

KF── プロ野球の選手が使うバットだが，あの1本のバット作るのに何千本という無駄なバットが出てくる。昔はそういうバットを高校生や中学生が買ってくれたが，金属製バットに代わってしまったから，バット業界はすごく無駄なことやっている。だから，プロの使うバットが役物ということになる。やはり量がはけるというのが条件になると思う。

KO —— 役物の捉え方が違うかもしれないが，材料・使い方として例えば集成材を提案しても，ある地域では，そういう安売りはしたくない，うちの地域ではこれだけ手入れして林業をやっている。こんなに面がきれいで，その木目の良さが，この地域の材の売りだと言う。その一方で，生産量を上げるために構造用材としての利用を望んでいる。しかしながら，現代の多くの構造用材は，利用の際には壁に隠れている。理念と使い方の齟齬には対策が必要であろう。

YS —— Woodcityのような考え方と，役物木材の捉え方はかみ合わないのではないか。ダイヤモンドのように一生懸命掘っても要らない物ばかりが出てくるけど，中には凄いのが極僅かに入っている，というようなものではないと思う。昔の人は枝打ちをまじめにやって，節のない真円の樹木ができるように努力して，昔から林業地域といわれるようなところには枝打ち職人がいた。そういう人たちが一生懸命に仕事をして，木や森を美しく育てて，この木は節が出ないだとか，目は通っているだとか，自分たちが育てたのだという，そういう心意気で生産された材料が結構あったのではないかと思う。放っていたら勝手にできたということではなくて。そういうものが価値観を生み出していたのだろうけど，木材は必ずしもそれだけではないというのがあるはずだ。役物文化が日本独特のステータスを持ったが，それに振り回されると木材の材料としての使い方が歪められたり，木材利用が広まらなくなってしまわないだろうか。役物文化とはぶつかる場面もあると思う。

MY —— 役物は和装着物とよく似ている。着物が大衆品から高級品に変わっていったタイミングと，木材・木造住宅界に大衆・工業化住宅が出てきたタイミングは似ている。戦後の高度成長期にそういうことが起こって，バブルに向かっていく時期は高級な着物や工業化住宅と差別化した和風住宅に金を使う人がいた。最近の成人式を見てみれば確かに振袖を着ているが，多くはレンタルである。じゃあ着物を買わないのかというと，そういう話でもない。浴衣を持つ若い人は増えている。大衆的な物が生き残って，進化している。林業，木材業界はどうか。先ほどの話のように役物の魔力に取りつかれてしまったがために，林業全体が画一化してしまったと思われる。材料はもっと多様でいいはずだ。

【地域ゼネコン】

KO —— 地域の資源や技術力でつくる中規模のWoodcityに魅力を感じている。大手ゼネコンがデベロッパーと協力するなどして魅力的な建物を造るというのがあるが，地域の中規模ゼネコンが木造ビルに手を出せる風土を作ることが大事と思う。大手ゼネコンのまねは無理だと諦めるんじゃなくて，低中層ならうちでも挑戦できそうだと，まねしてもらうとか。それが続くことが，先ほどの持続的な木材需要や山側の安定雇用につながるのではないかと思う。

MY —— 中小のゼネコンさんが手掛ける木造の工業化住宅が少し脱皮していくことで，例えば，建築系の木材の人材育成の在り方も大いに変わってくるだろう。住宅だけ造っていたら何も変わらないと思う。そういう意味でも持続性という観点から考えると，すごくいいと思う。

KO —— 中大規模あるいは公共建築物は大手ゼネコンで華々しい事例があるが，地元の建設会社はどうだろうか。たとえ憧れたところで，雲の上の話をしているように実現が遠いと諦められることもあるのではないだろうか。Woodcityの低中層などの場合で，こういう街づくりの中には大手ではない展開もあるというのを例示できたらよいと思う。

TI── 低中層ビルは大手ではなく，地元のゼネコンも施工している。木造建築も普通にビルを建てるようなもの。これを進めていかないと世の中に広まっていかないし，決して大手ゼネコンだけの市場ではない。

MY── 多くの人が木造に関わるというのが大事だと思っている。こうだと決めつけている方は，それは思い込みであって実際には触っていない。しかし，一度木材に関係すれば，この辺は鉄やコンクリートと違うとか，この辺は一緒なのかとか気が付くことが多いはずだ。例えば，耐火や耐震も基準自体に構造は関係がないわけで，建築関係者なら本当は分かっているはずだ。建築士なのだから知っているはずだが，思い込みになっているのは関わったことがないからだろう。一つ物件に関われば随分と伸びるところはある。まずは業界の人たちになるべく関わってもらい共通認識を持ってもらえたら随分と変わるのではないかと思う。

TI── その意味でも，Woodcityのようなモデルプロジェクトが，大手だけじゃなくて中小のゼネコンも含めて経験を積む場になって，それがどんどん展開していけば良いと思う。

YS── 中堅ゼネコンの支店社屋改修というのがあって，先日，都市木のスタッフが見学会をアレンジしてくれた。地方の中堅ゼネコンが社会貢献しつつ生き残っていくためにどうするかなどの説明を受け，共感するところが多かった。要は社屋の建替にあたって躯体は残し，木材を多用することで改修するという話だが，以前の勤務先で都市木プロジェクトを2009年に立ち上げた際に掲げた理念とほぼ同じことを彼らは主張していて，スギ材をボリューミーに使うこと，生材のまま使うことも可とする，材が傷んだ後の対応は交換するなりその都度考えて対処するなど，木材とはどんな材料かということを中堅ゼネコンが考え始めた。都市木プロジェクトの開始当初は，例えばフローリングにスギ材の使用はあり得ない等々，建築学の先生方には木材の使い方を否定されたが，10年少々を経て意識は変わり始めている。さらに本書で示したのと同じように彼らは炭素収支も推定していて，木材利用による改修が圧倒的にCO_2の排出削減につながることなどの環境効果を把握し，コスト的にもパフォーマンスが良いなどの熱い説明を受けた。中堅のゼネコンが，これからの活動でクライアントに対して「このような考え方もあるよ」ということを広めてくれたら，僕らでも応援して盛り上げて都市の木質化やWoodcityの推進につなげることができると思う。そういうところから需要が増えるなら，山側も「使ってくれるんだ」，「生産しよう」って思ってくれるかもしれない。Woodcityの低中層には潜在的な波及効果が宿っていると思う。

TI── 国の支援策でも当初は木造とすることで補助金を得るには，先導技術など何かネタがないと補助金はもらえなかった。最近それが変わりつつあり，必ずしも先進的ではない木材活用でも結構もらえるようにメニューができているので，かなり一般化してきたと思っている。木造建築市場の裾野は広がってきているので，これから更に広まると考えている。

YK── Woodcityのモデルの中で，敷地の屋外に魅力的な場所ができるセットバックした所がたくさん作ってあり，そこはDIYも含めながら，木をたくさん使えるフィールド，1階部分，セットバックした部分の面的なところなど，かなりの面積がある。そういったところを実際の住人などがワークショップをしながら面白いアイデアを出して作り込んでいくのが低中層の魅力だろう。逆に，最近の名古屋の高層事例では，コミュニティーに上下関係が生まれてしまった現実もある。あの人は上だけど，私は下でエレベーターに乗る場所が違うとか，そういう世界になっ

てしまう。だけど，そういうのではなく，1階部分でコミュニティーを良くしようと考えると，木というのはそういうのに非常に相性がいい，木を嫌いな人は少ないと思うので。とにかく木を通じてコミュニティーの媒体になると思う。そのようなフィールドが我々の目の前で用意されている。一体感のあるところが一番の魅力だと思う。先ほどの中堅ゼネコン支店社屋改修で，みんなで考える，会社の木のデッキを作るとか。そういったものは社会でも認知され，会社としても社屋を造るのでということで営業にも使えるし，ということで非常にいい材料だと思う，木材は。

【Woodcityを支える木材業界】

　MY── 木材を使うことに対する環境的な話はいくつかあるが，少し違う観点で木がコミュニティーの媒介になる事例が名古屋の都心部にもある。まちづくり関連で，街の人たちが街の中に事務所を構える建築家と協力してウッドデッキやベンチを一緒にDIYしたり，メンテナンスや木工活動をしている。それ自身がまちづくりのツールになっている。作業をしていると，みんな参加したくなり寄ってくる。「何やってるんですか」とのぞきにくるみたいな話があって。すごく単純に木工やっているのが楽しい，そのような形がとてもいい，というようなことを当該地域のまちづくり関係者は仰っていた。確かに学生の授業でも木工やらせると，みんな喜んでやっている。Woodcityが見える化されて，その中の動きが周知されてくれば，あそこの町は楽しそうだというのが見える化される。そうすれば，Woodcityも理解が進むかもしれない。

　KF── 新しい価値を見える化することは大事だ。木材は環境に好ましく生活を豊かにしてくれる，ということを示すことはわれわれの責任である。

　MY── 脱炭素シティの入り口に街の現在のCO_2総排出量をリアルタイムで電光掲示するとか，隣の地区の排出量も掲示するようなことも考えられる。

　KT── 話題が変わるが，私は大学院修了後に木材系に就職したいと考えているが不安がある。先ほどWoodcityを10年でつくるという話があった。10年はどういう意味なのか。サプライヤー存続の保証期間なのかわからないが，入社先企業が定年まで残っているかどうかという点は友人とも話題になる。Woodcityに材料を供給する製材・集成材工場は，自分たちが定年になる時にも存続しているという保証はほしい。終身雇用がいいかどうかは分からないが，10年後になくなるかもしれない会社には入りたくない。例えば，水道メーターのように需要が必ずある企業は売上があって，無くなることはなく，新しいことをしなくても安泰だろうと。一方で，新規開拓をどんどん進めるような自由な雰囲気のある会社はいいなと思う反面，潰れない保証もなく挑戦しているのは不安にもなる。

　MY── 20～30代であればそう考えることも理解できるが，30代も後半になると「会社を潰すのはあなたでしょ」と言われる世代になる。会社という箱があるわけではないので，一生勤め上げたいということなら，会社を生かすも殺すも，むしろあなた次第という話になるだろう。逆を言えば，生かせれるような発想が出るような会社が重要なのだろうと。木材系にありそうだと感じているか？

　MY── そのことをWoodcityにシフトすると，そういう社会だからなかなかWoodcityが発展しないと思える。いったんできてしまったRC造やS造の文化から，向こうに良さそうなものが

あると聞いても，なかなか脱皮ができない。

　YK ── 終身雇用であっても，どんどん改革していくことが大事で，イノベーションが必要だ
ろう。終身雇用が悪いわけではないけど，イノベーションを起こせるか，イノベーションをずっ
とやり続けられるかということが重要だろう。

【Woodcity，まちの価値】

　KT ── ウッドシティの低層に魅力を感じた。地元では田舎のコミュニティーで育った。低層
建築はコミュニティー形成において利点があると思う。その街にどういった人がいるのかが感じ
られ，住んでいて精神的にも気持ちの良い街になるのではと思う。自分がこの先，選ぶ町として
すごくいいなと思う。ただ，低層には魅力を感じるが，木を使うWoodcityの何がプラスなのか，
炭素吸収効果を知らない人にはRCでも木でもどちらでも構わないと受け止めるかもしれない。

　YF ── そう思う。魅力的なまちづくりで中低層のWoodcityという話だが，「中低層」というこ
とが魅力的なまちづくりには直接的につながっているように思えて，それが木造であることが住
民にとって重要かどうかは少し違うかなと感じる。ではどこが大事かというと，構造以外の部分
にも木材はいろんな使い方があるという観点を示していくことも大事だ。住民にとっての魅力的
なまちづくりは構造だけではなくて木質化という観点が関わってくることに共感する。

　TI ── 必ずしも構造だけを指しているわけではなく，RC造やS造でも木質化はできる。鉄や
ガラスの建物とは異なる価値だと思う。木造の良さとは，時間を経ながら，わざわざ手を施しな
がら造っていくものだなと思っている。

　MY ── フィンランドの環境団地は人気があるが，例えば，廃棄物や脱炭素の問題だけではな
くて，いろんな環境問題に関して配慮した団地であることを売りにしている。入居料は高いが，
すぐ売れるらしい。なぜかというと，入居希望者は環境問題を知っているからだ。何を選択する
のかというときに，環境問題を考えなければ別にどちらでもいい，見た目で選択するなら鉄骨造
に木を貼ればいいという話に落ち着くだけだ。でもそこに林業はない。木質化・木造化とは何な
のかというところに炭素貯蔵もないということになる。

　街は人を育てると思う。講義やシンポジウムで「木材はどんな材料か」などという話を耳学問
するのではなく，本書で議論しているような環境・経済・社会問題を分かっている人たちのコ
ミュニティーがあったとして，そこで育った親世代からは当たり前のように環境コンシューマー
としての次世代が生み出され，次々に繋がり，広がっていくことになる。先ほど名古屋の錦二丁
目で木がまちづくりのツールになったという話をした。なぜこの活動が続くのか，何が魅力なの
かを聞いたところ，「シンポジウムなどで森林問題や気候変動がどうのこうのと聞いて大変なこ
とだとは思ってみても実践する場がない。聞いたことが頭の中のただの知識で終わったかもしれ
ないところ，都市木プロジェクトの活動を通じて自らも関われていることが嬉しかった」と仰っ
た人がいた。つまり，環境問題などを他人事ではなく自分の生活に関わることとして受け止めら
れる空間が用意されていることは大事なことだ。

　だから先の話では，RC造でいいのかという話ではなく，ここの団地はこういう団地，
WoodcityはWoodcityなんだということを明確にPRして，関心を持つ入居希望者にもきちんと
説明して，それがいいと思う人たちに入居してもらう。そういうコミュニティーをつくることを

目指さないと多分メンテナンスもやらない，ただ面倒くさいだけになってしまう。そこで育った子たちからは，そういう子が再生産されていくのは当たり前だ。この観点からもコミュニティをつくる仕掛けは必要ではないか。だからWoodcityである必要もあるのではないのか。教科書で読んだ知識というだけではなく，ライフスタイルの中にそれが入り込んでいるというのが大事だ。

　TI── そこを知ってるか知らないのかは，すごく重要なところだ。先程の話でも出たが，木造建築は意識の高い人が好む傾向にあると感じている。コーヒーやチョコレートでもただの豆ではなく，フェアトレードのようなものに価値を見いだす人が，まず最初に住みだすと思う。それが段々と一般化することによって底辺が広がる訳で，そのパイロットプロジェクトがWoodcityではないかと思う。

　YK── 錦二丁目ではウッドデッキを作ったり山に行って森の学習をしながら，いろいろ体験し，山菜を採るなど，そういったことを繰り返してきた。それが街づくり活動のセットになっていた。都市木での木を削ったり何かするのもそうだ。そういうプログラムになっている。

　Woodcityでも実際に山に行って「錦二丁目長者町の森」のような森があれば，そこで一緒にずっと交流しながら本棚を自分達で作ったり，全部地元の木で調達すれば，森林と都市の理解につながるだろう。単に材木を買いにホームセンター行くのではなくて，地元の山の木を調達して本棚作るというような，そういった価値がある町だというのを実際に造っておくべきだろうと思う。

【材料情報の共有とコントロール】

　KO── 冒頭で話題になった5,000立米を続けるのは是か非か，あまり詳しくシミュレーションできる訳ではないが，乾燥機の問題が出てくると思う。30立米用を350日，70回転，ほぼフル稼働させて2,100立米。年間5,000立米を増産するならプラス2台以上導入する必要がある。そのための出資があるのか，経営的に見合うのか，不安要素だ。また，正確にシミュレーションしようとするにも課題がある。私の関係する地域は，割と中小のところが集まっていて，材の生産地や生産量を調べているが，よく解らない。木材連合会も調べているが。また，材を調達できるのかどうか，公にしたくない取引，得意先から流す，ネットの一般公募，独自の地元のつながりなどがいろいろ混在すると，恐らく簡単には調達できないだろうなというのがある。どこで何立米採れていて，地域の製材業者にどれぐらい流れて，外に流れていくのか，追跡できるシステムが必要と思っている。大凡のことは分かっていたり，地元の顔が広い人だったら何となくは分かっているだろうけど聞きにくいし，多分，企業も出したくないのだろう。悪いことをしてるわけではなくても帳簿関連を出したくないところもあるだろうと思いながら。でも，それではいざ5,000立米となった場合にどこに壁があるのか，結局はそれを特定できずに適当に終わるしかなさそうだ。Woodcityのような話があったときに対応可能なのかを現状ではシミュレーションできない。

　YS── 現状では，単発的に各セクト（川上・川中・川下）ごとに物事を考えて，各セクトのつながりが細いのではないかと思う。何を考えているかという情報の伝達と共有がなさそうだ。川下から川上に至る，Woodcityに関わる材料管理における欠点のように思える。例えば建築業界側

の人たちが建物を造る計画を考えた時に，必要木材量や，どんな木材が必要か，CLTがこれだけ欲しいとか，長さ・形状はどうだとか，プレカットの形状などの情報を川下が発出したとして，それを川中と川上が受け取ったら，あそこでこんなプロジェクトを動かそうとしていて，こんな材料がこれだけ要るらしいことが一気に伝われば，そうしたら川中は川下側に対して，川上にこれだけの材料がある，こんな材料をどれだけ，いつ頃までに調達できるというような情報伝達網があってもいいだろうと思う。このような仕組みがあれば木材生産量やサプライチェーンの把握も同時にできてしまうだろう。また，川上側は，山のどこに，どういう樹木があるのか，独自の秘密情報としての座標データを整えておくことは有用だと思う。こういう情報を，川上・川中・川下でフォーマットを統一して，皆が共有，オープンにする。そうすると，どこでどういう物が欲しいのか，あるいは供給できるのか，そうすると，欲しいときに欲しいだけの量が手に入りやすくなる。迅速な供給と，供給の安定化が前進するだろうし，鉄やコンクリートの世界に近づくのではないだろうか。加えて，各セクトが発展していくために共通のフォーマットを開発してデジタルデータをコントロールするオペレーターが必要だと思う。材料データの共有体制を作り上げていくことが大事だろうと思う。

　MY── 最近の言葉でいうと「DX化」という。誰かに頼まなくても，自分で情報は入手できるようなアプリケーションがあればいいわけだ。

　YS── すでに材木屋さんがネット上で，長さや断面寸法を記載した正角材や平角材が簡単に入手できるようにしていて，都市木の会員も利用している。それを大規模化して，なおかつ情報を制御できる人を配置しておけばスムーズな流れができるのではないだろうか。そういうことは部分的にいろいろやっていると思うけれども，トータルでシステムが出来上がっていくことが良いのではないか。

　TI── 製材の場合，マーケットは大きいようで割と狭い世界なので把握しようと思えば，その情報も共有できると思う。今，業界での話題は大阪・関西万博で，リングといわれる大屋根では約2万立米の木材が使用されると言われているが，それをどこから集めるか，一地域だけでは当然間に合わないので分担し合う状況になっているとも聞いている。そういった需要が安定的かつ継続的なら良いし，大型物件があるのであれば，製材などへの投資も進むはずである。しかし，その木材需要がどこまで続くかの見通しは，投資家が判断することになっている。

【在庫管理・ストックヤードの必要性】
　HS── 私の居住地域には集成材メーカーもあるが，地域の経済を回すことを考えると，どうしても製材を中心に物を考える必要があると思う。ただ，集成材なら，ある程度工場がラミナをストックし，発注がきたら必要な断面の材を製造してすぐに出していくが，製材の場合は，必要な断面の材のストックがない場合，山から新しい材を伐って，製材して，乾燥してと多くの工程が必要だ。中でも，多くの材が必要な場合乾燥をどこでするかという話はかなりある。地域の中にある乾燥機は限られるし，天然乾燥だとより時間がかかる。しかも伐採するときに補助金をもらうには，その前年度に事業予定調書を出す必要があったりする。このように，やたら気の長い話で，たとえば地域の材を使って学校を建てるとなると施工は先だけれど，まずは地域にどんな材がどれだけあり，実際に伐れるのか？　といった話を片付けなければならず，ハードルが高い

と感じる。

MY── 在庫分離発注や補助金の有無は確定できない段階で，信頼で伐り始めようかとか，それは工夫次第とはならないのか。

HS── 工夫をするにも行政の理解が必要かと思う。地域の材での建築を一般化するには建築士が今こういうのが欲しいとなったときに，すぐに出せるような体制が，地域の材料に対してもあれば良いと思う。需要があれば多分ストックもできると思うが，今はそこまで需要がないのだと思う。

MY── 山側・川上側にストックヤードは必要だ。森林計測の研究分野ではまだ木材への理解が乏しいようだが，建築のBIMソフトであれだけのことができるのだから，森の計測データは材料管理に活かせるはずだ。川下の人達もストックヤードの必要性を訴えている。製材業の人達が自転車操業に陥っているので，丸太の購入に投じたお金を早く取り返さないと維持できないという話らしい。対応としてはストックヤードということになるだろう。

YF── 常に出てくるのが，ストックのためのコストやリスクを誰が管理するかという問題。結局，これまでは立ち行かなくなっていた。20年位前からいろんな議論を繰り返してきて，一つの解決策が山側から川下までの一体型管理である。一つの企業が一体的に管理するのが理想的かなと思う。木材コーディネーターのような方法もある。しかし，なかなかできないという中で資金的な補助を誰がやるのか，公的な所が単純に補助を出すのか，いろんな投資，融資の中で解決策を導き出していけるのかということだと思う。

MY── 脱炭素の話であるなら，ストックヤードにある木材はずっと炭素貯蔵されているわけだ。しかも，まだスタートしてない。建築物とは，本来，消費するものではないと思っているが，日本の場合はスタートからカウントダウンが始まってしまいがちだ。ストックヤードが機能すれば，建築材料としての消費スタートは遅くなり，脱炭素効果のメリットは高い。乾燥機の問題を考えても，荒製材してからストックしておけば，人工乾燥に要する仕事は随分と減らせる。クレームも付きにくくなるんじゃないか。ストックヤードを作ることの意義は，いいことずくめとまでは言わないが，脱炭素に対して足を引っ張るようなことにはならない。

YF── その通りと思う。でも，売れる保証がない限り，誰もやりたがらない。

MY── 木材需要が，そこまであるかどうか分からないと言っていた時代はそうだったろうが，2010年頃からダーバン決議やパリ協定もあって，日本は明らかに国産材に転換していくというのが国際ルールになってきた。どうしてそんなに売れないと思うのか，売れない呪縛は何なのか。木材が売れなくなるという感じは，今はないと思う。

YF── 需要はあるところにはあるしストックも持っている。集成材工場やラミナを供給している工場では，既に満タン状態だ。しかし，市町村単位の自治体で地産地消で学校を建てるといったことになると，原木も製材もストックの問題が出てきて対応できない状態になる。

MY── 一つの物件で考えていると，その物件が，たまたま何かの話で没になると要らなくなったという話になる。一つの物件単位ではなくマーケット単位で話が動けば，需要が完全に飛ぶということはない。多少の影響はあるかもしれないが，建設業がなくなることはあり得ない。しばらくの間の木造ブームは絶対あると思えば怖くはない。

KO── 在庫としてのリスクはある。例えば，日光で変に割れたりなどだ。削ればいいことだ

が。

MY──　むしろ変化・変形させてから仕上げるほうが良いのでは。乾燥し切っていないのに，中途半端に取れたての状態でプレカットまで行ってしまうからリスクになる。

YF──　規格化されている柱材・ラミナ材のようなものは，すぐに需要が見込めると踏んでいる。

MY──　どういうサイズのものが来るか分からないという状態に対してストックが心配ということか？

YF──　バリエーションが多いからストックが進まない。

MY──　問題は製材ということか。集成材は工場に多種類のサイズが置いてある。そんなにあるのかと驚いた。梁桁では多くのサイズの種類がある。これが製材になると，ストックの種類が多くなり大量になる。それが売れなくなるかもしれないという課題があるということか。

YF──　国産材をストックするとき，課題としてバリエーションが多いからストックが進まないのがある。集成材に的を絞れば，それ用のラミナをストックする。

YS──　例えば，国や自治体がストックヤードを用意して運営する拠点を作る，森林環境税などの補助金の使い道としてストックヤードのために割くことができないものかと思う。国産材が前提となっているWoodcity推進に必要な木材を安定供給するためのバッファー機能やC貯蔵庫機能を持たせると同時に，災害時には復興用資材としても即活用できるはずだ。材の初期乾燥にもなるのでエネルギー消費削減にもつながる。サイズは単純化することになるだろう。学生時代に災害対応の木材備蓄機構というのがあって見学したことがあった。当時のことなのでベイツガの正角材が大量に保管されていた。このような施設があれば5,000立米を常時ストックし，そこの管理運営スタッフで保管中の含水率やヤング係数などのクオリティーチェックも容易にできてしまだろう。5,000立米なら戸建て住宅200〜300戸分だろう。有事を見据えつつ，目先の損得を考えるならリスキーかもしれないが，長い目で見るなら木材の安定供給には大きな支援になるのではないか。

MY──　例えば，米だったら国がストックする。しかし木は山にストックできているからいいという感覚なんだろう。山には資源があるから，必要になったら伐ってくればいいだろうと。東日本で災害が起こったら木が売れた，というのと同じでいいだろうと。

　人口減少ということを考えたときに，山に木はあるが，伐る人がいなくなったらどうするのか，ということが飛んでしまっている。ストックヤードがあることで，山は，川下の状態を気にすることなく常に生産し整備する。製材工場は山から出てきた材を常に製材する，工場が常に加工している状態が大事だろう。ある地域では20数社あった製材所が10社になってしまっている，10年か20年の間に。倒産ではない。上の世代が「もうやめとけ」ということだ。地域の人は，どんどん人口が減って「まずい」，「新たに入ってきてほしい」と思っている。地域の，川上・川下産業の人口が流出するのは仕事がないからだという危機感を感じる。製材工場が常に元気で，中山間地にチェーンソーや製材工場の音が響き渡っているというのは，イメージとしてすごく大事と思う。それで，挽いた材がどうなるか，取りあえずそれはストックヤードに，という発想でいいのではないか。

YK──　ストックヤードのことで，名大の福和先生が防災の話で，災害は100年ごとに来る，

東海・東南海は必ず来る。鎌倉時代から歴史を見ればずっと来ているわけだから，この地域でも災害対応資材をある程度ストックをしておかないといけない。この地域は全域がものづくりエリアとして広がってるので，その対応策を本当に考えておかないと。地震や災害が起きたら，すぐに復興対応できるよう，ある程度木材を備蓄しておくことは重要だ。

【人工林・林業・中山間地域】

　HS── 現状の人工林の林齢構成を見ると50年以上のものが大半で成熟したものが占めている。理想的な人工林の姿としては，おしなべて齢級が低いものから高いものまでが平準化されていて，それを持続可能な形で使っていくような姿だと思っている。現状は偏った分布になっていて，今，人工林資源をたくさん使いましょうといっても，結局，それを使ったら次は別の山の分布ができるだけではないかというのもある。そうではなくて，メンテナンスや，そういったものも全て織り込んで，きちんと将来的に継続的に木材が出せるような仕組みが理想なのではないかと思う。

　MY── 今の話は人工林と林業とセットで考えるのか，人工林のすべてを林業の対象とするのか，人工林と林業を分けるのかがあると思う。

　HS── その人工林の生産効率がいいのかどうかが問題になると思う。効率がよくて生産性が高いものについては，今の形で更新していくのがいいかと思う。生産性がないというか，人の手が入りにくい場所は木材生産とは別の森林の多面的な機能，水源涵養や生物多様性の保全といったものに重点を置くのがいいのかなと思う。林業の話で言うと，専業というよりも兼業で。昔はそういうことをしてた所もあると思うが，半農半林みたいなイメージで農業をやってない時期に林業が携わって，それだけでは生計を立てれないけれども，その地域に貢献していけるような林業もあっていいと思う。

　HS── 中山間地域の姿として，木材を出して大都市に持っていかないとお金にならないところがある。その地域の中で循環できるような，地域の中で地産地消をするような仕組み，そこでお金が回るような業界にできればいいのかなと思っている。国が政策を決めているが，市町村も多く関われる部分で，地域の循環をきちんとつくるという地方自治体の政策がもっとあってもいいと思う。地域経済圏の範囲かもしれないが。中山間地の人口は減っていくイメージがあるが，地域の中である程度，経済が循環できるような仕組みがあり，出て行く必要がなければ，出て行かない人もいるのではないかと思う。自分の地域で見ていると，数としては少ないと思うが，山で仕事をしたいと移住する人もいる。地域の中で経済が循環できる魅力のようなものを訴えれば，ある程度の人は残るのではないかと思う。

　SI── 今の人工林と林業の問題には二つあると思っている。平準化していく前にまず大径材の問題がある。これを何とかしないと平準化できないと思っている。本書の3章3節に書いたが，大径材，つまり50年生以上，70年生などが多くなっているが，まず，ここを使っていかないと平準化できない。それに関する技術はいろいろ出てきている。

　もう一つは，地域ごとの林業が今後どうなっていくのか，我々の分野では一人親方と言われる人たちが個別に頑張っていて少しずつ伐っているという話を耳にする。つまり，自分のところで自分の森を伐って何とか頑張っている人たちがクローズアップされていて，こういう人たちが

いるということが紹介されるが，量的には限界はあると思っている。そういう人たちに「後継者はいますか？」と聞くと，ほとんどいなかったりする。そういった中で森林組合の存在が重要になってくる。それから，規模の経済が働いていないことも問題で，作業を委託する人たちが増えれば，民間事業体もしくは森林組合の規模や作業量の維持と平準化につながり，その先に先ほどの議論の平準化，すなわち安定して植えて伐ってということがある，そういった先に未来があるのかなと感じている。

　これに関連してノルウェーの税制のことを 4 章 4 節で少し書いた。ノルウェーの森林組合は林道の造設，伐採，植栽などの計画をオンラインで立てられるシステムを作っている。組合側も計画をオンラインで見ることができ，委託までがスムーズである。その委託費の原資となるのが森林信託基金で，伐採時に 4 ％〜 40 ％が積み立てられ，林道開設や植林に使われる。そういった仕組みは日本にはなく，学ぶべきところが多いと思っている。

　MY── 今の話だと日本の林業というのはそもそも何なのか，よく分からない。一人親方みたいな林業と森林組合様のものの議論が共存している。林業としては中途半端ということか。将来像としては，その辺のところがもう少し整理されれば，産業として発展できるのではないかという話か？

　SI── 中途半端なところが多い。どこまで税制を整備するかということと，日本では ICT といえば，機械のほうで使われること多いが，オンラインシステムを使うとか，そういうところも促進していったほうがいい。

　MY── 森林・林業・木材のあらゆる情報を ICT 化できるところがたくさんあって，未来はそこに向かっていく。機械の話ではなくて，情報をどう取り扱うのかという話が大事なんだろうなということは強く思う。

　KO── 地域内での経済の循環と一つの町の構成，そういう経済圏の確立というのは，あったほうがいいのかなと思う。都会の人がビジネスチャンスを求めて人工林や林産業の経営に乗り出すことを目指したいというのはある。

　中山間地域の中で一つの経済圏をつくり，その中で暮らすというのもありと思う一方で，一番の理想は他の産業に負けない，森林管理と木材生産というのが，他の産業と比べても遜色なく儲けることができて持続性も確保できてほしい。そのためには常に技術革新をする技術者と，現場の人と，あとは我々のような研究者がいてこの分野が構成されたらいいと思う。しかし，何をしたらいいのかと思うところだ。

　YF── 林業系の雑誌で読んだ記事に，特に整備してない人工林をキャンプ用地として貸し出している事例があった。多少の管理は必要だろうが，貸し出しだけで年間 1 ha で 50 万円くらいの収入がある。50 万 /ha は微々たるもののような気がするが，50 年間では 2,500 万円の収入が上がる。スギを植えて 50 年後に伐採して 2,500 万円儲かるのかという話だ。キャンプブームも 50 年続く保証はないが，そういう目の付けどころもあるのだなと思った。

　林業は，木を育て，売って儲けるというパターンのビジネスで凝り固まっているが，昔で言えば，時々間伐するのが主伐までの繋ぎの収入になったように，コンスタントに利益を生む何か他の方法を考えると良いのではないか。一般の方は思わぬところに山の魅力を感じていると思うので，そこに目を付けて何かサービスを，林業以外の，木材を生産するという以外のサービスを提

供しながら収入を得て，最終的には木材も伐採，販売するというやり方の可能性，選択肢が昔よりもいろいろあるんじゃないかなと思う。一般の方の森に対する関心というのが，キャンプ，気候変動問題や防災といった方向にも広がってきているように思う。その辺をもう少し掘り下げ，発信し，情報収集してビジネスに結び付けていくなら，それこそ中山間地域にいろんな産業が生まれて活性化するのではないか。アグロフォレストリー的な，何か違う産業と結び付ける発想が大事だろうと思った。

YS—— ヨーロッパ地域をみると，例えばドイツなどは日本の人口・国土面積より少し規模が小さいくらいだが，異なるのはドイツは標高差が800 m位と小さく，南から北に向かってなだらかに下って平地が続いているような国土で林業はし易いだろう，そういう違いはある。ナポレオン戦争後から続いている重厚長大型産業が国を支えているのと同様に農林業も国を支えている。石炭以外はエネルギー資源が乏しくて我が国と似たような状況なのに違いは大きく，なぜだろうかといつも思っている。林業は人がやることなので，例えば今後100〜200年程度で我が国の林齢分布の平準化が達成できるのかなと，我々にそんなことができるかなと懐疑的にはなる。

最近の例で，山林資源を活用した資源経済モデルの実践ということで飛騨地方を見学する機会があった。皆さんが言われているようなことを地域規模で実現させていて少し羨ましく思った。愛知県のある地域の取り組みをモデルにしたとのことで，木材利用で地域の経済を回していた。うまくいっているように見えたが，製造業が基盤となっている東海地域の産業構造や人口規模が大きく異なること，観光以外に目立った産業はないけれど山林資源は豊富なので地域の人たちが何とかしようといつも考えているから森林資源に目を付けるのは自然な流れだ。彼らの考えとして，多くのCO_2排出源のために外国にお金を払うのは馬鹿げている，地元の資源を利用するべきだというのが根底にある。とはいえ，国を支えるほどの製造業が近場にあるような地域では，森林の持続性やCO_2排出削減の意義を伝えるのは，意識や構造の観点からも難しさがあると思う。

こういう状況に陥っている中で，中山間地域で，いろんな人たちが頑張ってる仕組みを発展させて，なおかつ，人口が少しずつ移動していって，それで林業が川下までを包括するような森林資源総合産業になってということが考えられるだろうか。Woodcityの夢と通じているかもしれない。

MY—— そのようなスタイルが全国に広がるのが一つの未来像ということか。

YS—— それは分からない。当事者の満足度はそれなりにあるだろうと感じているが，行政や金融機関が大きな下支えになっていることは間違いない。間伐・収益還元・新植などの課題が残っていると思っていて，まだ先があると思っている。

TI—— 日本全国で人口が減る中，中山間地域・地方がどれだけ魅力的なものにとどまっていくか，更には輝かせていけるかが問われているのだと思う。これまでの話にも出たように，地方の魅力がないという中で，都市の序列みたいなものがある。収入の多少もあるだろうが，大都市が良くて中小都市に行くとだんだん魅力がなくなって若者が出ていくような構造が現実にあり，それをどうしていくかというのが課題だろうと思う。しかし，最近のウェブ会議などのように，どこでも仕事はできるようになりつつあり，それによって，都市の序列も多少変わっていくのではないかと密かな期待も抱いている。周りの若い人はそんなに都会に拘っていない人もいるので，地方だから駄目というのではなく，地方でもいい町がいくつか出てくるのかなと思っている。

　先ほどの飛騨方面でも観光地というブランドがあるが，そういうところに活路，目標を置いていいのだろうと思っている。そのときに産業にどう貢献するか，お金をどのように儲けていくかが問題となる。当然，林業の産業化によって収益が高まる儲かる林業にしていく必要がある。しかし，林業だけでは限界があるかなと，一方では思っている。中小の地方都市に住んで，林業や既存の産業を復活させて収益源にしていくという取組みを進めながら，もう一つは今まで都会でやっていた仕事を地方でやるとか，どこでも仕事ができるようになってくると，そうした活動が増えてきて，週末は林業，畑仕事というようなライフスタイルも増えていくのだろうと思う。また，収入だけではなく文化的な魅力などというのもかなり都市に人を引き付けている要素だと思うので，そのようなものが蓄積されていくといい。ヨーロッパの話が出ていたが，ドイツだけではなくイタリアも地方都市が元気で，それぞれ魅力のある所がある。そういう形に日本がなっていってほしいと思っている。今，地方ではそういう方向での取組みができつつあり，もう一押しがあれば更に進むだろうと思っている。

　人工林や林業の話に戻ると，当然，木を使って建築を造ろうという流れは必要だと思う。しかしながら，いわゆる木を使うことだけが「イエス」で，また従来の木造に戻るということではなくて，研究会の皆さんがいつも言ってるようなハイブリッドな形になっていくと思う。木のいいところ，S造やRC造のいいところを使いながら街をつくっていくことが必須だし，不可欠だろうと相変わらず思っている。Woodcityの活動では，それこそが非常に価値があるところと思っている。

　YK── ドイツの話をしたが，Woodcityのモデルをつくりながら考えたことは，なぜドイツで木の産業が継続できているのかということだ。よく調べてみないといけないが，ドイツやヨーロッパの建物は，壁は煉瓦やRCかもしれないが，床は木造ではないかという気がしている。それに床が木造の場合，上にコンクリートや砂を敷き詰めるような工法が昔からあったのではなかろうか。そういうことを想像すると，Woodcityのモデルをつくるのに低層として，そういう工法もあり得るかもしれないと思う，新しい意味で。そう考えるとラミナが活躍することになると思っている。大径材の蓄積が増えていることがあるが，森林の所有者は時間がたてば役物の立派な材料になるだろうと期待していると思う。しかし，伐らないと役物は見つからないよ，という状態ではないかと思う。それなりに伐っていかないと，いい材料も出てこないというようなことを思えば，大径材はラミナにしてどんどん使うことが道としてあると思う。ラミナの産業も発達するのではないかという気がしている。そういう意味で大径材の活用についても，木造戸建て住宅だと芯持ち材が有効に使われていると思うが，そうではなく，非常にもったいないのだろうけど，ラミナという世界でうまく活用すれば道は開けるのではないかと思っている。その中で役物があれば大事に取っておくという感覚で良いのではないか。だから，ラミナの世界を，伐らないと道はないということを，もっと発信すべきではないかと思っている。

【木材産業】

　KT── 林産業・木材産業そして建築物について，こうであればいいなと思うことがある。木材産業については，以前，ある工場を見学させてもらった。そこでは，大量の木材がストックされていた。ちょうど，ロシアとウクライナの問題が起こって入らなくなるかもしれないというこ

とから，たくさん輸入して置いてあったようだった。私はそこで初めて木材業はしっかりした産業なのだと感じた。しかし，それは輸入材なのだ，ということも同時に思った。よく言われるように木材の需要はあるが，その需要は輸入材が大きく賄っているのだと感じた。輸入材が使われているのであれば，国産材でも同じように生産できればいいなと思う。

　次に建築物について思うのは，人口が減っている中で，小さな面積に人を効率的に収容しようとするようなことを考えなくてもいいのではないかということである。建築物には，単なる効率ではなく，建てる人の個性や主義主張を表現することのできる可能性があると感じていて，そのようなものが増えてほしいと思う。街のほとんどの建物が木で建てられていて，木の建物の方が当たり前になった風景ができたなら，それ自体がこだわりでもあると思う。さらに，そこに様々な表情の木造建築が並んでいたらとても素敵だと思う。

　MY —— 木材が今現在どれぐらい科学的・合理的に，リーズナブルに利用されているのかという，そもそも論である。まずはそういった志向性の産業になることが先決だ。

　参加者 —— 大卒や大学院修了者を活かせる土壌が果たして戦後にあっただろうか，全国の多くの高等教育研究機関に農学部や林学科があり多くの人材を毎年社会に送り出していたが受け皿は乏しく，組織改変を迫られ消滅したところもある。公務員になった人も多いが，役所になるとポテンシャルが下がり第一次産業の中でも林業分野は乖離が甚だしい。我が国の第2・3次産業，あるいは諸外国における林業・林産業・木造建築分野で活躍する人材構成との大きな違いが一目瞭然で，我々はまだまだ途上という感じだ。

　MY —— 非住宅の2階建て保育園や老人ホームの構造設計で，しかも地域材を使おうと頑張って構造設計されたデータを解析している。当事者たちは共同データを使いたいと思っているが，用意する側はそれが全くできない。この近隣地域であっても全然できなくて結果的に構造解析上，無等級扱いをすることになる。そうすると，実は材料自体は例えばE70以上の材料が半分以上あるにもかかわらず，それは使えないということになる，十分使えるにも関わらず。一方で，非常に高い性能が必要な場面は，どうしても建物の中に数カ所は出てくる。超高層のビルを木造でということではなく，低層であれば高強度材はそれ程多くは要らない。構造解析をすれば把握することは十分可能だ。その程度の量の木材は山にある。逆を言えば，木材性能を把握して，必要な性能のものを揃えたら良いと思うが，適材適所で使うということすらできていない，これが我々の世界の現状だ。木材資源に対して実行する能力がないということだ。中山間地の未来があるためには，少なくともそういう科学的な判断ができるような第1次産業・林業林産業にならないと困る。

【無垢材・集成材】

　KO —— 柱・はり材を無垢で作ることにどこまで拘るか，ということを前々から思っている。ある程度の断面がある建築材料のことだ。

　なぜ無垢である必要があるのか。いろいろ話を聞くと，使い手側が材料を調達する場合に面倒なことがある。対応できるかどうか分からない，いちいち問い合わせるのも面倒，そういうことが懸念になる。例えば断面が120×240mmなのか，120×270mmなのかとか，一つ一つの寸法の違いが出てきて，それに対応するのに苦慮する現場があったりする。その材料は丸太がその径

を満たすのかという話が出てきたり。強度が足りないとか，乾燥不十分で挽いたらびしょびしょだったとか。

　そんな話の中で，ラミナで在庫用意すればいいだろうと考えることがある。ちょうど大径材のプロジェクトに関わっている中で考えたことがあって，ツインバンドソーが備えてあって材を自動観察し，全自動でラミナを挽いていく。グレーディングしてストックし，あとは建物に使いたいときに必要なラミナを選び出して，貼り合わせていく。この方がシンプルではなかろうか。大きな断面の材を乾かすよりも，ラミナのほうが必要なエネルギー量も少ないだろうから。接着にエネルギーを使うとはいえ，差引でどちらにメリットがあるだろうか。そう考えたとき，ひょっとしたら既存の無垢材信仰へのこだわりがあるのではないか。あんまり言うと困る人たちもいるだろうけど，個人的には打破していってもいいと思う。ここの皆さんで無垢材じゃないと困るという考えがあるか？

　MY——　個人的には無垢材信奉ではない。スギ製材信奉もない。この地域は無垢材信奉は強いと思う。というより，節も駄目のような話もあり，どうなのかなといつも思う。適材適所で，どちらを使うのがよりリーズナブルなのかということだと思っている。ただ，今々の時点で考えると，無垢材でできる所は無垢材を使う方がいいだろうと思う。なぜかというとラミナ単価が安くて山側にお金が返りにくい。山側のエリアに集成材の会社・工場があればいいと思う。集成材工場があるにもかかわらず無垢材でやるべきとは思わない。しかし，現時点で考えると，集成材工場やエンジニアリングウッドの製造工場は数が少なく，限られた地区にしかない。その地区はいいと思うが，それ以外の地区はどうなのかと思う。難しい課題だ。だからといって製材だとなると，いつまでたっても集成材には対応できない。それはそれで時代遅れだ。

　製材がいいか，集成材がいいかは，本来，同じものが作れるなら，同じはり材が作れるならという前提で話すなら集成材を選ぶべきと思う。集成材のテクスチャーがいいのか，製材のテクスチャーがいいのかは，施主側に，両方を同じ土俵で感じられるぐらいのポテンシャルがあれば，施主が選ぶものだと思う。しかし今の時点では，集成材信奉者は集成材，製材信奉者は製材というふうになっていて，それには違和感がある。

　KO——　山の中に大卒の人が入っていく話で，科学的なシミュレーションを導入して産業の強みにするという話があった。自分が木材流通をシミュレーションして利活用のシナリオを作るとして，そこには強度等級や工場で製造可能な寸法など，考慮すべきファクターがどんどん増えてくるだろう。そうすると頓挫してしまう可能性があると危惧する。ひょっとしたら材料をシンプルにすることがシミュレーションやシナリオ作成の取っ掛かりとしては，やり易いのかなと思った。でも，確かに山側でラミナを挽いているだけの製材屋さんは儲からないだろう。そこは見落としていた。

　YF——　将来的には，木であれ化石燃料であれ，燃やしてエネルギーを得ることを減らしていくべきだと思っている。どちらにしてもCO_2が出る話なので。製材工場などでの端材の熱利用は別だが，発電などは太陽光や風力など他の再生可能エネルギーに任せて，木材はなるべくマテリアル利用して，炭素貯蔵したほうがいいと思う。

　集成材か製材かの話は，一つには歩留まりがある。なるべく1本の木を挽く中でたくさんの部分を建築材というか，炭素貯蔵に結び付く使い方をしようと思うと，歩留まりがいいほうが良

い。そうなると，製材が採れる場合はそれを優先したほうがいいと思う。SDGsではないが，世界の人口が増える中で，発展途上国の人も今よりも1人当たりのエネルギー消費量がどんどん多くなることも考えると，エネルギー源が再生可能エネルギーになったからといって省エネをしなくていいわけではない。資源やエネルギーの使い方をなるべくコンパクトにしていく中でも，先ほど言及のあった加工手間が少ない，エネルギー消費量が少ない使い方を追求していく必要があると思う。

　MY──　集成材ではなく製材でいくとすると，製材幅などの寸法規格が住宅市場だけで固定されていて，それを無理やり非住宅と合わせ技で考えようとしていると思う。そこをまずは変える必要があると思っている。105mm幅という固定概念をまずは例えば100に変える。丸太から120や150で採れば，話は変わってくると思う。常にベースにある戸建て住宅のマーケットに最適化されている。プレカットの問題があるが，合わないという理由だけで選択肢から外すのはやめたほうがいいと思っている。だから，120や150の販路を広げていくことは製材には必要だろうと思うし，集成材でもそうだと思う。

【産官学民の役割と協働】

　SI──　産官学民の役割で何が不足しているのか，何をしてほしいのか，誰がやるべきか，ということを考えたときに，さっきドイツの話があったが，オーストリアもノルウェーもそうだと思う。このような現状になっているのは市場経済の影響によるところが大きいと考える。みんな今ある状況の中で最高のパフォーマンスを，合理的なパフォーマンスをしていて，こういった状態になっている。産業と民間は今，合理的な考えをした上でこういうことになっていると思う。そこを変えるチェンジメーカーが「官」なのだろう。そこに提言できるのは，このように今，集まっているような「学」で，「官」に提言していく必要がある。「官」に何ができて，市場経済の中でいじるとしたら，木材が今必要とされている理由をいじる必要がある。それが税制や補助金であったり，制度，法律であったりを変えていかなければならなくて，よくよく考えると木材にも補助金が出ているけど，まだそれだけじゃ足りない。「産」と「民」が頑張っている中で誰が何をしてほしいかといえば，「官」がもう少し法律や税制を変えてほしい，そういう話になると思う。「官」にもう少し頑張って欲しい。

　MY──　官とは，どの辺の官になるか。関連する官が広がってきていると思う。今までは森は林野庁，木造建築は国交省と林野庁の端のほうの人と思う。経済的な話が入れば経産も入ってくるし，国交省も木造が増えるならという中で対応することも随分増えてきているのではないか。森を考えてみても，国や県という所でやっていた話が，そこで賄い切れなくなり，地方，一番足元の自治体でやる，という形になってきていると思う。その辺はどう思うか。

　SI──　上のほうの何々省とかではやり切れないということで，例えば森林環境譲与税のように，あとは自治体のほうが詳しいんだからという理由で下ろしているが，結局，そこでは回し切れていない。お金だけ配ればなんとかなるのではないかという状況になっている。やるとしたら省レベルだろう。法律を作れるぐらいのレベルになると思っている。

　MY──　そうすると，まだまだ法の整備の中で上げていけるようなことが多くあるのではないかということか？

SI── スローガン的なものではなく，法律的な部分で改正していかないといけない。木材をもっと使っていくという根拠となる法律が大事だと思う。条例はたくさん，いろんな県でも出していて，それに一応は対応していて，S県はその最たるものだと思う。それによって統計上は県産材で自給率は高まってきているので効果は見られる。しかし，条例だけではなくて，もっと大きな一手というのが省庁レベルではないかと言いたい。

MY── 例えばどんな法律が必要か。

SI──「木材を使おう」ではなくて，本書の底流にもある「どれだけ使いなさい」，「何％以上使いなさい」ということだ。それがないと革新的な進歩はないだろう。

MY── 全く同感だ。木材の問題はジェンダーの問題と構造が同じだと思う。ジェンダー問題を横に置きながら木材の問題を見れば，どういう時間がかかるのか，何が起こらないと変わらないか，ヒントが掴める。横に似たような問題の構造があれば，それをたくさん見つけたほうがソリューションは学べるし，あそこはああやって失敗したんだというのも見えてくる。

木材利用に関してゲームチェンジするためには「木材を使おう」ではなく，研究会の主張のように「どれだけ使え」ということだろうと思う。木を使えない理由，出せない理由はいくらでもある。理由がないなら，とっくの昔にやっただろう。そうではなくて，「使え」と言われて，どうするのかというモードに皆がならないことには絶対変わらない。

YS── 先ほどの議論のように，製材屋さんは運び込まれた丸太に対していろんなサイズの製材に対応するより，サイズを極力単純化してラミナだけを挽く，というようなやり方はありだろうなと思っている。そして一定量はストックヤードに確保しておく。国産材の利用をWoodcityの推進に振り向けようという意味においては実行価値はあると思う。これに関連することで，ある先生のプロジェクトがあり，それはトラックに帯のこを載せて，丸太が載せれるような装置も付けて。そのトラックで伐採現場まで行って片っ端から同じ寸法のラミナを挽いていくという，山で丸太を引っ張り出して製材所まで運ぶというやり方ではなく，場合によっては暫く放置して水分を蒸発させることをやりながら。ラミナはそのままグレーディングして集成材にすることができる。

そうした場合の心配はJASがハードルになるのではないかと気になる。都市木プロジェクトでも，都市の木質化を推進するのにJASはプラスかという議論があり，意外と足かせではないかという考えを持つ人もいた，いろんな意味でがんじがらめになっていると。クオリティーを科学的かつ簡単に証明する方法がいろいろある中で，他材料の世界を見ていると少しずれているように思う。集成材は認定工場で造る必要があるなど，現場の信頼度が低いのだろう。その種のハードルがブレーキになって，建築側が欲しい材料がすぐに手に入らないことにつながっていないだろうか。乾燥材がパッキングされて港に届く安価な木材に流れるのはやむを得ない。

MY── 今後5年から7年経つと構造解析が必須になってくる。構造計算書の添付が必須になると，JASがどうなのかは別にして，強度保証と含水率が通るべき道と思う。だから，問題はJASが足かせというより，JASという仕組みがこのままでいいのかという問題提起と思う。

YS── その通りだと思っている。いまだに多くの方々が「木造建築に力を入れましょう」と，設計士や関係の方々が努力して木造建築を，例えば自身のオフィスを建て替えるときに国産材の木造でやろうと頑張っておられる。しかし，実際にお邪魔すると，はり材はレッドパインを使う

とか，何故そこだけ輸入材になるのかというようなことを多く見かける。理由を聞いても，半ば公式になっているようで，業者さんに何を使うかを薦められてのことのようだ。国産材でグレーディングしていて，材料のヤング係数や破壊強度がラベリングしてあっても，あまり通用していないようだ。材料を選択する立場にある最重要な人達に伝わっておらず，このようなところで国産材が侵食されている。関係機関の発信がまだ足りないのかもしれないし，先ほどの都市の序列のように分野のヒエラルキーもあるだろう。森林問題も理解した上で，科学的に考えてもらえたらと思う。

【森林資源産業と大学の専門教育】

　MY── 都市木に2009年から関わり始めて以来，社会情勢は変化していて，例えば，合板の輸入材率が高かったなという状況から変わってきている。にもかかわらず，横架材の輸入材使用率は変わっていないように思う。スパン表の話も聞かれなくなった。早見表を作れば，みんなが使ってくれるんじゃないかということで，各県がそれ作って県産材の利用促進を奨励していた。しかし，いまだに木材強度など理解されていないように感じる。大学では教員が講義枠を作って木材強度や横架材の設計などを一生懸命教えている。しかし，卒業した人たちがこの業界に行くのだろうかという問題がある。産官学民それぞれの役割を考えると，大学ができることは研究して論文を書くこと，本を書くこと，何かする時の声掛け役をすること，そういうことはできると思うが，一番大事なことは何かと言えば，育てるべき若者達が常に手元にいるということである。社会に出ていく一番大事なところを大学は握っている。だから，この宝物を何とかするのがやるべき役目だと思う。そして，その宝物が活躍できるような産業にしておくのは，向こうの役目だろうと思う。川上から川下に至る，森林資源に関わる業界が，そういう宝物の能力や何なりを活かして，さらにレベルアップにつなげることも業界の役目であるはずだ。学位は出すが，学位取得者を使いこなせる受け皿がないではないか，そういうことを時々思う。

　KO── 学生が大学で国産材利用の意義を学んだとしても，例えばハウスメーカーや工務店などの就職先で上司が「ここは外材使うから」と言えば，外材を選ぶことになるだろう。「大学の先生は国産材を使えとは言うけど，現場は違う」となってしまう。理想は，就職先の上司が「スギでもこんなことができる」と理解して，若手社員(直前まで木材系学生だった人)も「それ，大学の先生も言ってました」ってなれば良いと思う。例えば，大学教員の私が「スギで」と言っても，入社したときに上司が「ここは外材使う」と言われれば，そこで若手社員は頑張って戦うことはないと思う。会社の方針と割り切るのが安全だと思う。

　MY── 願わくば，いきなりは戦えなくても自分たちが30代・40代の中堅になったときに会社をそういうふうにしてほしいと思う。そこでその会社の色に染まったら駄目だろうと思う。何のために大学を出たのかと思う。いきなり上司に盾突くことはできないと思うが，そうでなければ大学人の存在意義はない。

　KO── 学生が国産材を使う意義を学んで就職する，あるいは木材を扱う会社が国産材利用に積極的な姿勢であることは多いと思う。でも，会社は利益を生まなければいけないし，そのために契約を最短でこなすことが重要なミッションになる。そうすると，外材に流れることも十分にあり得る。したがって，上司に密なアプローチをする必要が生じると思う。

MY── 世界中のどの国の人たちよりも日本人は社会に出てから勉強しないと言われている。本を読まない，勉強しないと言われている。学生を抱えていることは我々の宝物ではあるが，森林資源に関わる産業界としても，技術も世界も動いているのだから，情報を発・受信することが企業の持続性につながるということを考えてほしい。我々は儲けることを考えるのは不得手だが，今，社会はこんな技術を使っている，こんなことを世の中は考えている，ということを掴み，皆に提供することはできる。彼らがやるべきことは自分の利益に結び付けられるような能力を持ちあわせることだ。それをしない分野は淘汰されていく。

MY── 建築学科と医学部は，基本的に職業学科だ。だから，彼らは大学にいるときから社会とつながり，社会で実践するための基礎を学んでいる。建築や医学の世界ではリカレントではなくて，彼らの仕事そのものがどんどん勉強していかないと，そもそも設計を続けていくことができない，そういうものができ上がっている，学会や省庁も含めて。大学の中が職業学科である必要があるかどうかは分からないけれども，学ぶべきところが多い業界なのだろうと思っている。

YK── 建築学科，特に業界の中で仕事していないとわからないが，いつも建築雑誌や技術情報を見ながら，いかに先端に行くかということを若手は常時考えている。そういう面では普通の製造業とは違うかもしれない。しかし，どちらかといえば，その企業の歯車にならないといけない。とにかく，それに一手に極めるということになっていくので，その点で建築という世界は違うと思う。

MY── 木材系や森林系も，建築系と同じように常に勉強するような体制である必要があると思う。

YS── 研究上の関心や必要性などから幾つかの学協会に所属していたが，機械系や材料系の学会に出かけて感じていたことは，企業の研究発表や展示が活発で双方が噛み合っているように感じた。社会に出た人たちが勉強しているということだろう。産官学の交流・連携が自然に映った。このような文化が森林系や木材系にも生まれてくると雰囲気が変わるだろう。大学や学会で何某かの研究会を催すと，工学系の企業や役所関係者は挙って参加を申し込んでくる。森林資源に関わる分野ではあまり見かけない文化だ。一方で，一般の方達には，都市木やWoodcity構想に関心をもってくれる人が少なからずいてくれて，気運を盛り上げてくれると思う。

YK── 常に勉強なのだろう。最近，山側・木材業の人達と話しをして，彼らはそれなりに研究はしていて，いろんなことをやろうとしているが，輪がなかなか広がっていかない。企業ともいろいろ話は始めているようだが。そういう中で企業と山側との対話がもっと必要なのだろうと思っている。こういうことは，実際に山側の人たちと話をしてようやく分かったことで，ゼネコンの我々には分かっていなかったのだなというのは実感した。

YK── 別の話で，ドイツでは何故あのように美しい町なのだろう，というのをもう少し深く知りたいと思っている。いろいろ制度が違うと都市計画が違うとか，日本では土地建物が個人の財産のようなところに特化しているが，もっと制度的に町全体が計画的であるということがあるのではないか。そのようなところは計画する上で，ドイツでは総合的にまず建物配置が決められて，その中で考えるようになっている。そういうことは本書に書いたが，そのあたりが根本的に違うのだろうというのは感じている。建物が細かく整然と並ぶパターンがあるが，これは日本では法律的にできない，というか自由すぎて駄目になる可能性がある。法律でできなくなっている

部分もあるのかなと思いながら，掘り下げていきたいと思う。

　MY── 木材だけの話ではなくて，町側のほうにもWoodcityの価値を高めるのに絶対必要と思える法律がまだまだ整備されていないのではないか，そういうことか？

　YK── この前，安井昇先生の講演で，木の使い方をいろいろ緩和する方向になっているという話もあったので，そのようなことを考えながら，木を使える部分をどんどん増やしていく。外部でも水がかかる部分は，塗装など，いろいろやらなければいけない。そういう意味で材料，構造材も然りだが，法律的な部分にうまく手を入れていけば，もっと木材が使えるのではないか。そのようなことに注目しながら，Woodcityの絵を描いている。

　MY── 例えばそういう法律を作っていく中で，大学に何ができるか？

　YK── 本書にも書いたが，そういうシミュレーションの中でいろいろなアイデアがたくさん出てくるだろうと思っている。木造のモデルのボリューム図だけをやっているが，実際に設計してもらえば，いろんなアイデアが出てきて新しい発見が出てくると思う。だから，この本でWoodcityのフィールドになればいいと思っている。今後，継続していけば，もっといろいろなアイデアが出てくるかもしれない。

　MY── アイデアの積み重ねが，例えば法律につながることがあるか？

　YK── 法律につながるかは分からないが，実際に設計してみたら，この法律によってアウトだということに気付く。実際に絵をたくさん描いてみないと，形とかモデルとかを。それを実現するためには何が支障になるかというのを，発想を変えてみて，これは駄目だ，なぜ駄目なのかを考えるというプロセスがあると良い。建築学科とはいろいろ壁はあるだろうけれども，一緒になっていろいろスタディーをするのがいいと思う。

　MY── 錦二丁目での取組みや名大での都市木講座がそれだったと思う。法律のことなどはともかく，一旦，全部置いて絵を描いて模型を作ってみた。そうしたら，いろんなアイデアが出てきた。実際にやろうとしたら，いろんな法律に引っ掛かってしまう。一番笑ったのは道路法だ。錦二丁目の歩道拡幅の社会実験で，口絵写真のように正角材を敷き詰めようとしたところ，雨に濡れた正角材に自動車が乗り上げてブレーキをかけた時にスリップしないかどうか，水に濡れた木材の摩擦係数のデータを出すように警察から求められ，公設研究機関等にも協力を求めて乗りきった。何かこれをやりたいというのを出さない限り，何がそれを邪魔する法律なのかということも分からない。法律を分かっている人たちだけで考えると保守的になってしまい，何も進歩しないと思う。それと共に，相変わらず建築系と木材系が教育の場面で分断してしまっていることは大きな課題だなと思う。

　TI── 今，材料と建築との間に壁があるとの話があったが，建築の中でも一括りではない。私のいる木造部門も，木造建築をまず構造主導でやってきたところがあって技術開発が主だ。最近になって計画系の設計者が入ってきて，広く建築に対応できるようになってきたが，所詮，まだ建築学科の領域に留まっているという状況だ。現時点ではまだ都市計画のレベルまで木造の良さを考え，どう変えていこうかという議論まで至っていないが，今後その部分が必要になってくると思っている。そういう意味では，Woodcityという概念の良さ，世の中的に今後必要だということを広く訴えながら，まちづくりのレベルの話にまで盛り上げていかないと，単体の木造建築の世界からは打破できていかないと最近思っている。

MY── すごくそう思う。木材学会の中で建物の話をしているのは木構造分野だし，建築学会の中でも木構造はやたらと人数が多い。しかし，環境工学や他の所に行くと，木材というキーワードがどれほど出てくるだろうか。相変わらず暗黒時代になっていて，他の人たちが木材の話をしているのを聞いていても全く的外れな話が出てくる。その人たちが建築学会の中でいろんなルールを作っていて，結局，そのルールが法律になっていくのを見ていると，そういう委員会の中で木材のことを話せる人がいる必要があると思っている。山側とも連動して考えるなら，同じように都市計画の人たちにも木造の応援団になっていただく，主体者になっていただくというのはとても重要だろうと思う。

KO── 官に望むことが一つある。木材がどれぐらい生産されてるか全数把握をしてほしい。できれば規模を大きく。『林業白書』をはじめとした木材流通量のほとんどの調査がアンケートで行われている。値がどれほど正確かよく分からない。そもそも，地域レベルでも流通量がどれだけかわかっていない。本書の解析もそれをベースにしている部分が多くあって本当にこれでいいのかと思う。これだけDXへの変革が叫ばれる時代なので林産業界も変革が必要だろうと思う。この業界でもいろいろ小さい単位でITを駆使した挑戦があるが定着が難しい。よくあるのが，木材を生産した後，既存の管理簿に加えてそのソフトウェアに打ち込むという方法である。これでは自分が事業者であっても面倒くさくなってしまう。例えば，日本で木材を売買する場合の流通量管理のソフトウェアを用意して，そのソフトで見積もりや発注などの既存業務もこなせるようにする。それを通した流通はどこかで集約されるようにする。当然，セキュリティーは完全な状態で，どこかの安全なサーバーに管理されている。そういうシステムを作ってほしいなと思う。

TI── 建築の着工統計という，毎月各社の営業部門の担当者がエクセルに投入し，それを国交省に送付するという地味な作業をやっている。そのレベルの統計の中で，木造データは十分に捉えられていないと思うので，まずはそこからだろうと思う。

KO── その地道な作業自体が事業者の業務の負担になってはよくないし，現場の事業体がそれで非協力的になるのは仕方がないと思う。そこで，発注書も領収書も請求書も一つをまとめたソフトウェアを作って，そこからのデータをどんどん自動で吸い上げられるシステムがあればと思う。そうでないと，いつまでたっても山でどれだけ木材があるのかが曖昧であったり，有効利活用のシナリオを作りたくても正確な値が出てこない。それほど難しいことではないと思うのだが。

YS── 本文でも触れたが，川下から川上に至る材料需給に関する共通フォーマットが必要だと思っている。更に，このシステムをコントロールすることのできる専門のオペレーターが重要だと思っている。こうしたフォーマットがあれば国産材の生産量も随時把握できるようになる。共通フォーマットの作成はそれほど困難ではないと思うが，オペレータの養成は川下・川中・川上に関わる問題でハードルがあるだろうと予想している。互いの分野の互恵的利益を考えるべきだと思っている。他材料に対等な流通の仕組みを構築すべき時期にきていると思う。

MY── 情報と分析は大事だ。情報と分析なしで，感覚だけでものを扱うこと自体が既に今の時代に合っていない。今の議論に多いに賛同する。どこどこの何々県産材の材料を使ってくださいと言って，「今，どれぐらいの生産量があるのか，どんな材料の流れになっているのか」と訊ね

ても誰も担当者は答えられない。「知らないのなら調べてください」と言ったところで2年かかっても回答は出てこない。やる気が本当にあるのか疑わしい。回答がないとなると，それでは考えようがないということになる。定量的評価ができなければ予測もできない。

　KO ── 例えば産業界にできそうなこととして思い付くのは製材機の開発だ。製材機などにセンサーを組み込んで機械の操作をしてるときにどれくらいのラミナを挽いているのかを瞬時にデータを取り込むようにする。その情報がどこかに集約されるシステムが必要だろう。現状の製材機だと，製材した作業員がメモを書き直す必要があるとか，横にパソコン置きながら帯のこを動かさなければいけないとかがあって，データの授受が人手に依っている。これではさすがに無理があり，自動化する必要がある。難しい技術ではなく，林業・林産業先進国・他産業からは明らかに遅れている。

　KF ── その提案，すごくいいと思う。材の流れをはっきりさせて透明化し，見える化させることが今後，予想されるカーボンビジネスともリンクしやすくなる。隠したい側もいるだろうが。

　TI ── 逆に今の話で言うなら，林業機械には結構な補助金が入っているわけで，補助金を投入する以上は報告を義務付けるなど，バーターをするべきかもしれない。

　以上のように，用意した6つのテーマに順序よく沿うものとはならなかったが，当初は想定していなかったテーマが出てきたことでディスカッションは尽きることがなかった。Woodcityの目指す社会像についての考えや思いを交換することができたと思う。本書で描いたWoodcityの実現に向けて少しずつ前進することを期待するとともに当研究会としても貢献していきたい。

索　引

● **Woodcity 研究会について**

Woodcity 研究会では，都市部に国産木材を投入することで都市の木造木質化を推進し，木造建築をはじめとする木質環境の構築を通じて森林と都市が抱える諸問題の解決に貢献することを目的として，都市計画・環境，木造建築，木質環境，建築・環境デザイン，森林資源，木材・バイオマスの利用など多様な分野の専門家の協力のもと研究交流を展開しています。現在の構成員は本書執筆者12名，代表者は山﨑真理子・河崎泰了。

● **執筆者一覧** (50音順，**：編集代表，*：編集委員，（ ）：担当項目)

市 岡 利 之 * 株式会社 竹中工務店 木造・木質建築推進本部 (5)

岩 永 青 史 * 名古屋大学 生命農学研究科 森林社会共生学研究室(3.3/4.3 /4.4/5)

小 川 敬 多 * 静岡大学 農学部 住環境構造学研究室 (3.1/5)

河 崎 泰 了 * 株式会社 竹中工務店 木造・木質建築推進本部(1.1/1.2/1.3/1.4/5)

佐々木康寿 ** NPO法人 都市の木質化プロジェクト (2.1/2.2/3.5/4.1/5)

末 定 拓 時 信州大学 農学部 木材利用学研究室 (4.2/5)

髙 井 香 織 名古屋大学 生命農学研究科 木材工学研究室 (4.5/5)

福 島 和 彦 名古屋大学 生命農学研究科 森林化学研究室 (4.6/5)

渕 上 佑 樹 * 三重大学 生物資源学研究科 附帯施設演習林 (3.2/3.4/5)

柳 田 智 弘 アウェア株式会社 (4.1)

山 﨑 真理子 * 名古屋大学 生命農学研究科 木材工学研究室 (2.3/5)

山 出 美 弥 名古屋大学 環境学研究科 建築・環境デザイン講座 (4.7)

Woodcity
Sustainable Society created by Urban Wood Construction
edited by Yasutoshi Sasaki, Woodcity Institute

ウッドシティ

Woodcity

トシノモクゾウモクシツカデツクルジゾクカノウナシャカイ

都市の木造木質化でつくる持続可能な社会

本書web

発 行 日：2024年2月6日 初版第1刷
定 価：カバーに表示してあります
編集代表：佐 々 木 康 寿
編 著 者：Woodcity研究会
発 行 者：田 村 由 記 子

株式会社 海青社 Kaiseisha Press
〒520-0026 滋賀県大津市桜野町1-20-21
Tel. 077-577-2677
https://www.kaiseisha-press.ne.jp

© Yasutoshi Sasaki, 2024.
ISBN978-4-86099-419-8 C0052 Printed in JAPAN. 印刷：亜細亜印刷株式会社
落丁・乱丁の場合は弊社までご連絡ください。送料弊社負担にてお取り替えいたします。
改訂情報・正誤表など本書に関する情報は本書web(QRコードからアクセス可)をご参照ください。